나는 매일
ㅏ와 함께
ㅣ근한다

따뜻한

장자의

인생해법

나는 매일 장자와 함께 퇴근한다

따뜻한 장자의 인생해법

PM 19:30 종각역 3번출구 걸은 팀 장자 대리님을 만나러 간다

한정혜 엮저 | 고예지 옮김

오늘의책

차례

2 세상이 괴롭히지 못하는 사람

3

외발로 살면 또 어떤가

인류의 마음 스승 '장자'와의 독대

유구하고 방대한 중국 역사와 문화의 흐름 속에서 범상치 않은 매력으로 오늘날까지 사람들의 마음을 사로잡고 있는 위대한 인물이 있다. 대체 누구일까?

첫 번째 힌트, 초나라 왕이 재상의 관직을 제안해도 전혀 동요하지 않고 낚시에 몰두했고, 벼슬이라는 굴레에 구속당하기를 거부하고 '진흙탕에서 꼬리를 끌며 사는 거북' 같이 자유로운 삶을 갈망했던 사람이다.

두 번째 힌트, 삶과 죽음은 같은 것이며 죽음이란 본래 왔던 곳으로 돌아가는 것뿐이라고 생각했던 사람이다. 그렇기에 그는 평생을 함께 했던 아내가 죽었을 때조차 슬퍼하기는커녕 노래를 부르며 기뻐했다.

세 번째 힌트, 둘도 없는 벗이 세상을 떠나자 함께 생각하고 논쟁할 이가 없어진 것에 비통함과 쓸쓸함을 감추지 못했던 사람이다. 두 사람은 '물고기의 즐거움(魚樂)'을 두고 논쟁을 벌인 것으로도 유명하다.

"자네가 물고기가 아닌데 어떻게 물고기가 즐거운 것을 아는가?" 어디선가 들어보지 않았는가?

현실세계 속의 그는 마른 고목과 식은 재처럼 자신을 버린 처지였지만, 이상세계 속의 그는 늠름한 풍채에 영결한 인물이었다.

그는 한 마리 붕새였다. 이 새가 한 번 날면 3천 리 밖까지 물결이 퍼져 나갔고, 바람을 타고 하늘을 향해 9만 리나 치솟을 수 있었다.

그는 한 그루 거대한 나무였다. 선선한 바람이 쓸쓸히 부는 어둠 속에서도 홀로 달빛을 보살필 줄 알았다.

그는 한 마리 나비였다. 춤이라도 추듯 여유롭게 하늘을 날며 기뻐할 줄 알았다.

그는 2천여 년의 시공을 뛰어넘어 현실에 얽매인 우리에게 영혼의 휴식과 같은 청량함과 평온을 전해준다. 그는 바로 '장자莊子'이다.

장자의 사상은 넓고 심오하다. 그래서 장자 철학을 연구한 전문가들조차도 감히 그 범주를 정확히 확정 짓기를 어려워한다. 그렇다 보니 보통 사람들이 당시 언어로 장자와 가까워지기란 어려울 수밖에 없다. 그렇지만 어떤 방식으로든 장자의 세계로 향하는 마음의 문을 열어보자. '장자'라는 광대한 세계의 아주 작은 부분만 이해할지라도 그를 만난다는 사실만으로 행복할 것이다.

어떤 사람이 벽에 그림을 걸려고 망치와 못을 준비했다. 그런데 못이 그림의 무게를 버티지 못해서 못 옆에 쐐기를 박기로 했다. 나뭇조각으로 쐐기를 만들려고 보니 이번에는 도끼와 톱, 손잡이가 필요했고, 이래저래 꼬리에 꼬리를 물며 온갖 준비물이 필요했다. 겨우 모든 준비물을 갖추었을 때, 정작 그는 가장 중요한 목적을 잊어버렸다. 그림을 제대로 감상하기 위해 이 같은 준비를 했다는 사실을 잊어버린 것이다.

이 이야기는 우리의 삶을 우회적으로 말해준다. 시인인 칼릴 지브란 Kahlil Gibran도 이 같은 말을 남겼다. "우리는 무엇을 위해 인생 여정을 출발했는지 잊어버릴 정도로 너무 멀리 와버렸다."

하루하루 숨 가쁘게 살아가는 사이 정작 삶의 목적을 잊어버릴 때가 있다. 과연 사람들은 진정한 삶의 아름다움을 느끼며 그렇게 분주히 살아가는 걸까? 얼마나 많은 이들이 물질적 이익에 사로잡혀 방향을 잃고 인생의 나침반을 찾아 헤매는 것일까? 장자는 사람들에게 다음과 같은 이치를 전하고자 했다. "물질의 노예가 되어 참된 자아를 상실하고, 세속의 이익에만 눈이 어두워 본성을 잃은 사람을 본말이 전도顚倒된 백성이라고 부른다."

우리는 '물질'과 '세속'이라는 두 가지 장애물을 확실히 이해하고 있어야 한다. 물질이란 판단력을 흩트리는 이익을 말하며, 세속이란 사람의 가치관을 어지럽히는 견해나 의견을 말한다. 물질과 세속에 사로잡혀 타고난 본성을 잃는다면, 자기 내면에 존재하는 진정한 가치나 능력을 결코 찾아낼 수 없다. 삶에서 이 같은 내면의 진정한 가치들을 지키는 일은 무엇보다 중요하다.

유혹에 직면했을 때, 참된 자아와 본성을 지키려면 어떻게 해야 할까? 욕심은 인간의 본성을 훼손하고 사람을 물질의 노예로 전락시킨다. 인간의 욕심은 끝이 없다. 그래서 일단 본성을 잃고 나면, 그 뒤를 재난이 바짝 추격해 온다. 사람의 마음은 인위적 구속이나 외부로부터의 교정 등이 가해지지 않은 자연스러운 상태를 유지해야 한다. 이 조건이 충족될 때에만 비로소 자아를 지킬 수 있다. 그렇다면 번잡하고 소란한 세상에서 내 영혼의 안위를 지키고 본성을 유지하려면 어떻게 해야 할까? 무엇보다 자신의 마음을 정확히 알아야 한다. 자신의 목적과 갈 방향, 현재 상황의 이해득실을 분명히 파악하고 명예나 이익을 탐내지 않으며, 청정한 마음을 유지하면서 외부 영향에 흔들림 없이 현실을 마주할 수 있다면 한결같은 마음으로 하루하루를 보낼 수 있다. 또 어떤 상황에서도 당황하지 않고 여유롭게 대처할 수 있다.

《장자》「양생주편」에는 다음과 같은 말이 있다. "우리의 생명에는 한계가 있지만, 지식에는 끝이 없다. 끝이 있는 것을 가지고 끝이 없는 것을 추구하면 위태로울 뿐이다." 장자는 이 같은 위기에 직면한 사람들에게 어떤 해결책을 제시했을까? 그는 인간의 생명은 유한하므로 이를 초월하여 본질적인 문제를 찾아야 한다고 보았다. 또한 유한한 생명을 가진 인간으로서는 복잡한 외부세계나 물질세계를 결코 완벽하게 인식할 수 없다고 생각했다.

장자는 우리가 자신의 유한함을 자각할 수 있는 것은 현실세계에 너무 가까이 있기 때문이라고 했다. 그렇다면 어떻게 하면 현실세계와 거리를 두고 세상사에 얽매이지 않으며 인간 본성에 순응하는 삶을 살 수 있을가? 바로 무위無爲의 태도를 고수하고, 명예를 추구하지 않으며

(無名) 공적에 집착하지 않고(無功), 쓸데없는 행동을 하지 않으며(無勇), 자기 몸에 연연하지 않는(無己) 경지에 도달함으로써 모든 명예와 이익을 초월해야 한다.

현실에서 걱정 근심 없이 살고 싶은가? 그렇다면 어떤 것에도 얽매이지 않으면 된다. 욕심을 버리고 타고난 그대로의 자연스러움을 유지하면 마음은 절로 평온해진다. 또한 현재 처한 환경과 이미 가진 것들보다 더 크고 많은 것을 욕심내지 않으면 불만은 사라진다.

평온하고 자연스러운 하늘의 도道가 순환과 반복을 거듭하는 세계 전체를 보면 인간은 지극히 보잘것없는 존재일 뿐이다. 인간이 자연의 순리에 따를 때 비로소 천지 만물과 자아 사이의 구분은 사라지고 조화로운 삶을 영위하게 된다.

우리는 어쩌면 장자처럼 세상을 꿰뚫어보는 태연함의 경지에는 도달할 수 없을지도 모른다. 그러나 평온한 영혼과 지혜로운 안목으로 자신의 이상향을 세울 수는 있으며, 진정으로 자신에게 필요한 지식과 깨달음을 얻을 수도 있다. 즉 자연의 본성에 순응함으로써 매 순간 우리에게 주어지는 행복을 만끽할 수 있다. 이것이 우리 평범한 사람들이 바랄 수 있는 경지이며, 바로 장자가 오늘날의 우리에게 전하는 지혜이다. 장자는 우리 마음속에 맑은 샘물이 되어 일상에 지친 우리의 영혼이 잠시 쉴 수 있는 안식처를 제공한다. 어둠 속에 외로이 떠 있는 배에 등불을 밝혀 주듯 우리 영혼에 한 줄기 불빛을 밝혀 주자.

1

망원경으로
보는 세상

세상 밖에서 유유히 노닐면 왜 삶과 죽음을 더 이상 구분하지 않게 될까?

바로 관점에 변화가 생기기 때문이다.

세속의 눈으로 세상을 바라보면 돋보기로 보는 것처럼

시간은 길어지고 공간은 넓어진다.

이 때문에 사물과 사물 간의 차이가 더욱 두드러지게 되고

삶과 죽음, 그리고 이것과 저것을 다르게 인식하게 된다.

반면, 세속을 초월한 눈으로 우주 밖에 서서 세상을 보면,

마치 구름 속에서 지상의 개미왕국을 관찰하는 것처럼 아무것도 보이지 않는다.

그렇다 보니 당연히 개미의 생사를 구분할 수도 없고,

이것과 저것의 차이를 구분할 필요도 없어진다.

진흙 속에 살더라도
자유로운 삶을 택하리라

○ 말은 발굽으로 서리와 눈을 밟고, 털로는 바람과 추위를 막는다. 풀을 뜯어 먹고 물을 마시며 발을 높이 들고 날뛴다. 이것이 말의 참된 본성이다. 비록 높은 누대와 궁궐이 있다 해도 말에게는 아무 소용이 없다. 백락이 말을 잘 다스린다면서 말의 털을 태우거나 깎고, 말굽에는 편자를 달고 말에 빨갛게 달군 인두를 찍어 소유를 표시했으며, 재갈에 고삐를 달아 말들을 묶은 뒤 마구간에 일렬로 매어 놓기 시작했다. 그러자 열 마리 중 두세 마리가 죽었다. 거기에다 말을 굶주리게 하거나 목마르게 하고, 지나치게 뛰거나 갑자기 달리게도 하며, 여러 가지 장식을 붙여 보기 좋게 꾸며 주었다. 그러자 말의 앞에는 거추장스러운 재갈과 머리장식이 있게 되었고, 뒤에는 채찍의 위협이 있게 되었다. 그러자 죽는 말이 반이 넘었다.*

– 《장자》「마제편」

당송팔대가唐宋八大家 중 한 사람으로 유명한 한유韓愈가 《마설馬說》이라는 글을 통해 "천리마는 항상 있지만 백락은 항상 있는 것이 아니다."[1]라고 한 이후로 사람들은 천리마가 백락에게 감사하는 것이 당연하다고 여기게 되었다. 그도 그럴 것이 백락이 천리마를 알아보지 못했다면 천리마는 자신의 특별함을 세상 사람들에게 알릴 수 있었을까? 그런데 혹시 이렇게 생각해 본 적은 있는가? 천리마 자신은 하루에 천 리를 달릴 수 있는 능력을 가지길 원했을까?

평범한 말이든 천리마이든 일단 말이라면 자유롭게 초원을 달릴 때 가장 행복할 것이다. 말은 봄날의 푸른 초원과 한겨울의 서리와 눈을 밟는 것을 좋아한다. 파란 하늘 아래 맑은 호수의 물을 마시고, 산들바람이 불고 따스한 햇볕이 내리쬐는 푸른 초원에서 풀을 뜯어 먹는

---

1) 世有伯樂, 然後有千里馬, 千里馬常有, 而伯樂不常有. 세상에 백락이 있어야 천리마도 있다는 뜻으로, 아무리 재능이 있는 사람이라도 그 진가를 알아보는 사람이 없으면 재능은 세상에 나타나지 않고 그대로 썩어버린다는 의미다.(옮긴이주. 이하 모든 각주는 옮긴이주)

2) 만조 때 얕은 해안이나 삼각형상三角形狀으로 벌어진 하구부河口部에서 일어나는 거센 물결 소리를 말한다. 중국의 첸탕 강, 남아메리카의 아마존 강 등이 유명하다.

다. 기쁠 때면 한바탕 신나게 달리기도 하고 우울할 때면 석양을 바라보며 울부짖는다. 말에게 높은 누대나 금은보화로 가득 찬 궁전, 공명이나 관록이 무슨 소용이 있겠는가?

그런데 어느 날 백락이라는 사람이 나타나서 이렇게 말했다. "나는 말을 감정하는 일에 뛰어나다. 떼 지어 있는 말무리 안에서도 하루에 천 리를 달릴 수 있는 천리마와 백 리밖에 달리지 못하는 보통 말을 구분할 뿐만 아니라, 쉽게 얻을 수 없는 뛰어난 명마名馬와 어디에서나 흔히 볼 수 있는 둔한 말도 구분할 수 있다. 천리마에게는 평범한 말들과 다른 사료를 먹여야 하며, 사육법 역시 달리해야 한다. 또한 천리마는 보통의 말과 용도를 달리하여 능력을 발휘할 수 있도록 해야 한다. 나야말로 말을 조련하는 명수다."

사람들은 백락의 말에 놀라워하며 이렇게 말했다. "정말이지, 우리가 여태껏 천리마를 지나치게 홀대했군. 지금부터라도 천리마가 능력을 발휘할 수 있도록 다른 말들과 차별을 둘 필요가 있겠어. 백락에게 말의 감별을 부탁해야겠네."

백락이 나타난 이후, 사람들은 말의 털을 태우거나 깎고, 말굽에는 편자를 달고 말에 빨갛게 달군 인두를 찍어 소유를 표시했으며, 재갈에 고삐를 달아 말들을 묶은 뒤 마구간에 일렬로 매어 놓기 시작했다. 또한 때가 되지 않으면 말이 배고파도 먹이를 주지 않고 목말라도 물을 주지 않았다. 말들에게 허락된 일이라고는 오직 달리는 것외엔 없었다. 첸탕 강(錢塘江)에 해소海嘯[2]가 일 듯 산을 밀치고 바다를 뒤엎을 기세로 달리고 또 달리는 것뿐이었다.

결국 천리마는 영원히 벗어날 수 없는 깊은 수렁에 빠지고 말았다. 천리마는 더 이상 푸른 하늘의 뭉게구름이나 광활한 초원을 감상하고 흩어졌다 모이기를 반복하는 양떼들을 비웃거나, 호숫가에서 차분히 자신을 되돌아 볼 여유를 누릴 수 없게 되었다. 예전의 자유와 행복한 추억들을 떠올려보려 하지만 눈앞에 보이는 마구간 울타리와 화려하게 장식된 고삐가 처한 현실을 상기시키고, 그리움에 눈시울을 적실 때마다 채찍의 위협을 받게 되었다. 석양을 배경으로 울리던 말 울음소리는 이미 슬픔에 목이 멘 소리로 바뀐 지 오래였다.

그러나 세상 사람들이 이를 알 턱이 없었다. 사람들은 천리마의 절도있는 걸음걸이와 쏜살같이 달리는 모습을 보고 그저 천리마가 다른 말들과 다르다는 사실을 한 번 더 확신할 뿐이었다. 사람들은 천리마에 환호하고, 그 천리마를 알아보는 백락에 환호했다. 사람들은 말잔등에 화려한 보석으로 장식한 안장과 말다래[3]를 올려놓고 용과 봉황을 그려 넣은 재갈과 고삐를 물린 뒤, 이것이야말로 천리마가 원하는 삶이라고 생각했다.

그러나 장자만은 천리마가 느끼는 슬픔을 잘 알고 있었다. 《장자》「추수편」에는 장자와 초나라 사신의 대화가 나온다. 여기서 장자는 지혜롭고 위트 넘치는 비유를 통해 천리마와 관련한 자신의 생각을 쉽고 분명하게 설명했다. 다음의 대화에 주목해보자.

---

3) 장니障泥라고도 한다. 말을 탄 사람의 옷에 흙이 튀지 않도록 하기 위하여 말의 안장 양쪽에 늘어뜨리어 놓는 마구馬具다.

초나라 왕은 장자의 뛰어난 재주에 대한 소문을 듣고 그를 존경하게 되었다. 장자와 같은 인물이야말로 초나라에 필요한 인재라고 여긴 왕은 그가 자연에 묻혀 유유자적하며 사는 것이 몹시 안타까웠다. 그래서 왕은 장자를 관리로 등용하기 위해 사신 두 명을 파견했다.

두 사신이 장자를 찾아갔을 때, 장자는 머리를 산발한 채 복수濮水 근처에서 낚시질에 한창 집중하고 있었다. 그가 입은 짧은 회색 옷에는 구멍이 네다섯 군데 나 있어서 바람이 불 때마다 너덜거렸다.

사신은 왕의 조서를 꺼내어 장자에게 보이며 이렇게 말했다. "장 선생, 축하드립니다. 왕께서 선생을 재상으로 등용하고자 하십니다. 서둘러 의관을 정제하고 저희와 함께 가시지요."

말을 마친 사신들은 장자에게 공수⁴⁾하고 읍했다. 그러나 장자는 전혀 미동도 하지 않고 이렇게 말했다. "들자하니, 초나라에는 이미 죽은 지 3천 년이나 된 신령스런 거북이 있는데, 왕이 이를 소중히 여겨 비단보에 싸서 보석으로 장식된 상자에 담아 묘당에 보관한다더군요. 그런데 그 거북은 이처럼 죽어서 껍질만 남은 채로 귀한 대접받기를 원했을까요, 아니면 진흙 속에서 꼬리를 끌더라도 살기를 원했을까요?"

장자의 질문에 잠시 어리둥절하던 사신들은 이내 이렇게 대답했다. "거북은 분명 진흙 속에서 꼬리를 끌더라도 살기를 원했겠지요!"

사신들의 대답에 장자는 여전히 낚싯대를 드리운 채 뒤도 돌아보지 않고 이렇게 말했다. "그렇다면 돌아가시지요! 나 역시 진흙 속에서

---

4) 拱手: 가슴 높이에서 두 손을 맞잡고 인사하다.

꼬리를 끌며 살고 싶소!"

대체 무엇이 이익이고 무엇이 손해일까? 이 답은 당사자만이 알 수 있다. 사람들이 볼 때 천리마가 보통의 말들보다 뛰어난 것은 당연하고, 초나라 사신의 입장에서 보면 초나라 재상의 벼슬이 낚시하는 노인의 처지보다 훨씬 좋아 보이는 것은 당연한 일이다. 그렇다면 천리마나 장자의 관점은 어땠을까? 신단 위에 놓여 귀한 대접을 받는 신령스런 거북이 되느니, 진흙 속에서 꼬리를 끌더라도 자유롭게 사는 편이 훨씬 더 낫다고 생각했을 것이 분명하다. 이는 바로 천리마의 솔직한 심정이자, 장자의 속내이기도 하다.

백락은 자신이 천리마의 재능을 알아본 덕에 천리마가 세상에 명성을 떨치게 되었다고 떠들어댔지만, 그가 정말 말을 잘 아는 사람이었다는 생각이 드는가?

어쩌면 우리는 살면서 각양각색의 백락에게 둘러싸이거나 마주칠 수도 있고 혹은 자신이 누군가의 백락이 될지도 모른다. 인생에서 백락을 만나면 '아, 드디어 내 능력을 인정해주는 사람을 만났구나, 나에게도 재능을 발휘할 기회가 왔구나!'하며 기뻐할 것이다. 하지만 사실은 어떨까? 이렇게 자문하게 되지 않을까? '내가 정말 그런 삶을 바라는 것일까? 나는 진정으로 기쁜 것일까? 지금 나의 노력은 정말 나의 가치를 실현하기 위한 것일까? 혹 어쩌다 일어난 우연을 재능으로 착각하고 인생을 건 도박을 하는 것은 아닐까?' 또한, 내가 누군가의 백락이 되면 이렇게 우쭐할지도 모른다. "아, 백락이 천리마의 능력을 발견한 것처럼 나도 대단한 일을 했구나."

하지만 우리는 상대방의 진심에 귀 기울여 본 적이 없다. 내가 백락이 되어 누군가의 재능을 알아보고 세상에 알린들 사람들의 관심과 주목을 받는 삶이 과연 천리마가 바랐던 삶이었을까? 천리마는 평범한 보통 말들과 다른 삶을 소원했을까? 천리마로서의 삶은 진정 행복할까?

내가 아는 것의 한계

○ **바다의** 광활함에 깊은 감명을 받은 그는 북해의 신을 우러러보며 탄식했다. "옛말에 이르기를 고작 만분의 일의 도리를 들어도 자기만한 사람이 없다고 생각한다더니, 저를 두고 한 말인 것 같습니다. 일찍이 공자의 학식이 낮다고 말하고, 백이의 절개가 하찮다고 여기는 자들이 있다고 들은 적이 있습니다. 그때는 그런 이들이 있음을 믿지 않았습니다. 하지만 끝을 알 수 없는 바다의 광활함을 보고 난 지금, 비로소 제 식견이 그들 못지않게 좁고 보잘 것 없음을 알게 되었습니다. 북해에 직접 와 보지 않았다면 결코 깨닫지 못했을 것입니다. 그랬다면 저는 대의명분을 잘 아는 의로운 이들의 큰 웃음거리가 되었을 것입니다."

– 《장자》 「추수편」

옛날 황하黃河에 물의 신 하백河伯이 살고 있었다. 그는 늘 자신이 다스리는 황하의 거대함에 큰 자부심을 느끼고 있었다. 어느 날 그는 파도가 서쪽에서부터 밀려와 동쪽으로 세차게 흘러가는 것을 보았다. "황하는 참으로 거대하구나. 세상에 황하와 견줄만한 강은 그 어디에도 없을 것이다. 천하의 장관을 모두 가진 황하를 다스리는 나야말로 물의 신들 중 최고로구나!"

그러자 어떤 이가 말했다. "그렇지 않습니다. 황하의 동쪽 끝은 북해北海라는 바다와 맞닿아 있는데, 북해는 황하보다 훨씬 큽니다. 북해 정도는 되어야 거대하다 할 수 있지요."

하백이 말했다. "믿을 수 없네. 북해가 아무리 크다 한들 황하보다 크겠는가?"

"황하 한 줄기가 아니라 몇 줄기가 흘러들어 간다 해도 북해를 메우지는 못할 것입니다!"

이 말을 들은 하백이 완강하게 말했다. "나는 북해를 본 적이 없으니, 그 말은 믿을 수 없네."

하백이 끝까지 믿지 않자, 그는 이렇게 말했다. "기회가 생기면 북해에 한 번 가보십시오. 분명 제 말을 믿게 되실 겁니다."

가을 물때가 되어 냇물이 모두 황하로 흘러들자, 강물이 크게 불어났다. 황하의 물살은 거세졌고 불어난 강물로 강 한복판의 사주沙洲는 물론, 강 주변의 낮은 지대까지 모두 물에 잠기고 말았다. 순식간에 강폭이 넓어져 반대편 기슭에 있는 가축들 모습조차 제대로 분간할 수 없었다. 이 광경을 본 하백은 황하가 세상의 모든 아름다운 경치를 갖췄다고 생각하며 한층 더 득의양양해했다. 순간 북해를 보러 가라던 말이 떠올랐다. 하백은 강물의 흐름을 따라 동쪽으로 계속 걸어 마침내 북해에 도착했다. 끝이 보이지 않을 정도로 광활한 바다가 눈앞에 펼쳐지자 하백은 그제야 교만에 빠져 있던 자신의 모습을 반성했다. 바다의 광활함에 깊은 감명을 받은 그는 북해의 신을 우러러보며 탄식했다.

"옛말에 이르기를 고작 만분의 일의 도리를 들어도 자기만한 사람이 없다고 생각한다더니, 저를 두고 한 말인 것 같습니다. 일찍이 공자의 학식이 낮다고 말하고, 백이伯夷의 절개가 하찮다고 여기는 자들이 있다고 들은 적이 있습니다. 그때는 그런 이들이 있음을 믿지 않았습니다. 하지만 끝을 알 수 없는 바다의 광활함을 보고 난 지금, 비로소 제 식견이 그들 못지않게 좁고 보잘 것 없음을 알게 되었습니다. 북해에 직접 와 보지 않았다면 결코 깨닫지 못했을 것입니다. 그랬다면 저는

---

1) 大道家: 대의명분을 잘 아는 의로운 이들

26

대도가[1]들의 큰 웃음거리가 되었을 것입니다."

위 이야기는 본래 '다른 사람의 위대함을 보고 난 후에야 비로소 자신의 미흡함을 깨닫는 상황'을 비유할 때 사용되었는데, 지금은 주로 '어떤 일을 할 때 힘이나 능력이 부족하여 어쩔 도리가 없는 상황'에 쓰이고 있다.

높은 산에 가보지 않으면 하늘이 얼마나 높은지 알 수 없고 깊은 골짜기에 가보지 않으면 땅이 얼마나 두터운지 알 수 없다. 또한 자기보다 뛰어난 자를 만나지 않으면 자신의 부족함을 알 수 없는 법이다. 인간은 지극히 하찮은 존재다. 그렇기에 장자는 위와 같은 일화를 통해 눈앞에 보이는 것에만 현혹되거나, 자신의 보잘것없는 재주만을 믿고 자만하지 말 것을 경고하는 동시에, 자기주관에 빠져 모든 것을 재단하면 결코 아무것도 이룰 수 없다는 점을 알려주고자 했다. 결국 끊임없이 새로운 지식을 받아들이고 이를 통해 자신의 부족함을 보완해 가는 사람만이 더 높은 수준의 학식을 갖출 수 있으며, 끊임없는 발전을 거듭할 수 있다.

덴마크의 천문학자 튀코 브라헤Tycho Brahe는 뛰어난 관찰력의 소유자였다. 그는 20년에 걸쳐 천체를 관찰한 끝에 당대 천문학자들보다 훨씬 정확한 행성의 위치를 측정하는 데 성공했다. 그러나 안타깝게도 그는 이론연구 방면에는 소질이 없어서 놀랍도록 정확한 관찰수치를 가지고 있었음에도 잘못된 결론을 도출하고 말았다. 이는 튀코가 오직 자기주관에만 기댄 연구를 했기 때문이었다. 훗날 자신의 한계를 실감

한 튀코는 독일의 천문학자인 요하네스 케플러Johannes Kepler에게 도움을 청했다. 케플러는 관찰력에서는 튀코를 따를 수 없었지만, 이론연구 방면에서는 누구보다 탁월했다. 케플러는 튀코가 정리한 천체 기록자료를 분석하여 '화성을 포함한 모든 행성은 태양을 하나의 초점으로 타원운동을 한다'는 대담하고 획기적인 가설을 제시했다. 튀코의 정확한 관찰력과 케플러의 깊이 있는 연구능력의 조합으로 그 유명한 '행성운동의 3법칙'이 탄생했다.

튀코가 케플러의 도움을 받지 않았다면 오랜 세월에 걸쳐 축적한 정확한 관측 자료들은 빛조차 보지 못한 채 한낮 쓰레기로 전락했을 것이다. 또한 튀코는 자신의 뛰어난 관찰력에 만족하고 말았을 것이다. 케플러 역시 튀코의 정확한 관측자료가 없었다면, 천문학사에 길이 남을 케플러의 행성법칙을 발견하지 못했을 것이다. 이 두 천문학자는 서로의 장단점을 보완함으로써 천문학계에 막대한 공헌을 했다.

세상에는 남들보다 많이 배운 것을 내세우며 대단한 재능이나 학식을 갖춘 양 으스대는 사람들이 많다. 스스로 대단하다고 여길만한 실력을 갖춘 사람이 자만에 빠지면, 겉보기에 최소한 '일리'는 있어 보일 수도 있다. 그러나 결국에는 이 역시도 자신의 부족함을 광고하는 것이나 다름없다. 뛰는 놈 위에 나는 놈 있음을 모르고 자만하는 사람이나 남들에게 자기 능력을 과시하고 싶어 한다. 뛰어난 연구 업적이나 예술적 재능으로 세계적 명성을 얻은 인물들은 스스로의 능력이 보잘것 없음을 누구보다 잘 알고 있다.

우리 사회에는 자신만이 최고라고 생각하거나 오로지 원칙만을 고집하는 사람, 인색하거나 옹졸한 마음을 가진 이들이 많다. 남의 장점을 받아들여 배움으로써 자신의 단점을 보완해 나가는 사람만이 원하는 성공을 손에 넣을 수 있다. '뛰는 놈 위에 나는 놈 있다'는 가르침을 마음속에 되새기도록 하라.

▌쓸모없음의 쓸모있음

○ 장자가 말했다. "자네는 정말 큰 것을 제대로 사용할 줄 모르는 사람이구먼. 옛날 송나라에 손 트임을 방지하는 약을 잘 만드는 사람이 있었는데, 그 집안은 대대로 솜 빠는 일을 했다네. 어느 날 한 손님이 손이 트지 않도록 하는 약이 있다는 이야기를 듣고 찾아와서는 약 조제법을 백금에 사겠다고 했네. 이에 가족들은 모두 모여 상의했지. '우리 집안은 대대로 솜을 빨았지만, 겨우 입에 풀칠만 하고 살 정도다. 그런데 이 약의 비법을 팔면 당장 큰돈을 벌 수 있게 된다. 손님에게 비법을 파는 것이 어떠하겠느냐.' 결국 그 손님은 자신이 원했던 약방을 손에 넣은 뒤 오나라 왕을 찾아갔지. 그때 오나라는 마침 월나라와 전쟁을 벌이고 있었다네. 이에 오나라 왕은 그를 선봉으로 삼아 월나라군에 맞서 싸우게 했지. 한겨울에 수전이 벌어졌는데, 오나라는 그가 가진 비법 덕에 월나라에 큰 승리를 거둘 수 있었고 오나라 왕은 그의 공적을 치하하며 상으로 영토를 주었네. 똑같은 약을 만드는 비법이지만, 어떤 사람은 그것을 활용하여 영토를 얻고, 또 어떤 사람은 솜 빠는 일조차 면하지 못했네. 그 이유는 바로 그 사용법이 달랐기 때문이네. 자네에게 닷 섬들이 큰 박이 있었는데, 어째서 그것으로 배를 만들어 강이나 호수에 띄울 생각은 하지 못했는가? 그러면서 박이 크고 넓기만 해서 쓸모 없다고 불평하는 것을 보니, 자네는 생각이 꽉 막힌 사람이구먼."

– 《장자》 「소요유편」

30

어느 날 장자가 제자들을 이끌고 산길을 가다가 하늘 높이 솟은 고목을 발견하고는 감탄하며 말했다. "이 나무는 재목감이 아닌 덕에 쓸모가 없어서 천수를 다할 수 있게 되었구나."

그날 저녁, 장자는 제자들과 함께 친구의 집에 머물게 되었다. 친구는 그들을 정성껏 대접하며 하인에게 이렇게 말했다. "집에서 키우는 거위 두 마리 중에 한 마리는 잘 울고 다른 한 마리는 그렇지 못하니, 잘 울지 않는 쪽을 잡아 손님들께 대접하도록 해라."[1]

이 말을 들은 장자의 제자들이 고개를 갸웃거리며 스승에게 물었다. "스승님, 산에서 본 고목은 쓸모가 없어서 그 천수를 다하고 있는데, 집에서 기르는 거위는 쓸모가 없어서 목숨을 잃습니다. 세상일이 이처럼 복잡하고 무질서하니, 저희는 어떤 입장을 취해야 합니까?"

장자가 대답했다. "너희는 쓸모있음과 쓸모없음의 중간에 머물도록 해라. 이 둘의 중간을 파악하는 일은 어렵고 인생의 법칙에서도 어긋

---

1) 우는 거위는 집을 지켜주지만 울지 못하는 거위는 집을 지켜주지 못하기 때문이다.

나 보이겠지만[2] 이보다 인간 세상의 수많은 분쟁에 잘 대처하는 방법도 없다."

세상에 절대적인 기준은 없다. 대상이 달라지면 평가 기준도 달리 적용해야 한다. 장자는 세상의 모든 외물[3]은 쓸모 있다고 생각하면 전부 쓸모 있는 것이고, 쓸모 없다고 생각하면 전부 쓸모 없는 것이라고 했다. 그렇기에 무언가의 쓸모있음과 쓸모없음을 구별하여 둘 중 한쪽을 선택하게 되면 자연히 그것에 얽매이게 될 수밖에 없다. 그러므로 쓸모있음과 쓸모없음의 구별을 초월하여 상황에 따라 자유자재로 대처하고 나아갈 때와 물러날 때, 숨길 때와 드러내야 할 때를 알게 되면, 자연의 순리에 따라 외물을 통제하고 그것의 구속에서 벗어날 수 있다. 이것이야말로 최고의 선택이다.

쓸모있음과 쓸모없음이 서로 대립하지 않는다고 생각하면 변화하는 세상에 자유자재로 대처할 수 있다. 쓸모 있는 것의 쓸모없음과 쓸모 없는 것의 쓸모있음을 알고, 쓸모 있는 것도 결국 쓸모 없을 수 있음과 쓸모 없는 것도 결국 쓸모 있을 수 있음을 알게 된다면 대립구도로 보는 관념의 속박에서 벗어날 수 있다.

---

2) 그른 것보다는 옳은 것이 좋고, 불필요한 것보다는 필요한 것이 좋다. 하지만 곧은 나무보다는 굽은 나무가 천수를 누리고, 울지 않는 거위가 우는 거위보다 단명하는 것이 세상의 법칙이다. 정正, 반反의 기준은 절대적인 것이 아니라 상대적인 것이다. 특히 그것이 생존에 관한 것일 때는 더욱 그렇다. 모든 판단의 기준은 상황에 따라 영향을 받기에 변할 수밖에 없다. 동서남북의 기준이 '나'라면, 판단의 기준도 '나'다. 그러므로 옳고 그름의 법칙은 상대적일 수밖에 없다.

3) 外物: 몸 이외의 것을 뜻함. 주로 명예, 지위, 재산 등을 말하며 별로 중요하지 않다는 의미를 담고 있다.

오늘날 사회에서는 물질적 이익 추구를 삶의 최우선 목표로 삼는 이들이 많다. 이런 사회에서 정신적 가치를 우선시하는 사람을 만난다면, 사람들은 믿을 수 없다는 듯 이렇게 물을지도 모른다. "정신적 가치를 추구하면 무슨 소용이 있습니까? 그것은 헛된 것이라 아무 쓸모도 없지 않습니까?"

현대인들은 끊임없이 계산하고 이익을 따진다. 무엇이든 일단 자신에게 쓸모가 있는가 없는가를 따져 쓸모 있다고 생각되면 절대 놓치지 않지만, 쓸모 없다고 생각되면 헌신짝처럼 버린다.

사람들은 보통 물질적인 것은 쓸모 있지만 정신적인 것은 쓸모 없다고 생각한다. 그러나 어쩌면 가장 쓸모 없다고 여겼던 것이 오히려 가장 쓸모 있는 것일 수도 있다. 물질적 이익이나 실용적 가치는 없지만 삶을 지탱해주는 보이지 않는 기둥이 되는 것들도 있다. 그런데도 사람들은 겉으로 봤을 때 아무 쓸모 없어 보인다고 취하지 않고, 오히려 아무 쓸모 없는 것을 겉으로 봤을 때 쓸모 있어 보인다고 취하는 경우가 많다. 왜 그럴까? 사람들이 쓸모있음과 쓸모없음에 대한 잘못된 인식을 갖고 있기 때문이며, 정작 삶에서 중요한 것은 소홀히 한 채 사소한 것들에 사로잡혀 있기 때문이다.

삶의 진정한 의미를 깨달은 사람들은 세상의 흐름에 따라 살아가는 대다수 사람과 달리 세상과 일정거리를 유지한다. 그 이유는 간단하다. 그들은 겉보기에 쓸모 없어 보이지만 사실은 가장 쓸모 있는 정신적 지주나 신앙, 즉 삶의 의의를 찾았기 때문이다. 그래서 그들은 외부 환경에 현혹되지 않고 자신의 삶에 충실할 수 있다. 노자 역시 이렇게 말했다. "쓸모있음과 쓸모없음은 동시에 존재한다. 모든 존재의 쓸모 있음은 바로 쓸모없음을 통해 그 효용성을 드러낸다."

쓸모없음을 얕잡아 보지 마라. 쓸모 있는 것이 쓸모 없는 것일 수도 있고, 쓸모 없는 것 역시 쓸모 있는 것일 수 있다. 《장자》「소요유편」에 다음과 같은 일화가 있다.

혜자가 장자에게 말했다. "위나라 왕이 내게 큰 박씨를 주기에 그것을 심었더니 잘 자라서 닷 섬(石)⁴⁾들이 큰 박이 열렸네. 그래서 그 속을 파내고 물을 담았더니 무거워서 들 수가 없더군. 할 수 없이 둘로 쪼개서 바가지로 쓰려고 했더니 이번에는 너무 넓어서 쓸 수가 없었다네. 박은 컸지만 아무짝에도 쓸모가 없어서 결국 깨어버렸네."

이를 듣고 장자가 말했다. "자네는 정말 큰 것을 제대로 사용할 줄 모르는 사람이구먼. 옛날 송나라에 손 트임을 방지하는 약을 잘 만드는 사람이 있었는데, 그 집안은 대대로 솜 빠는 일을 했다네. 어느 날 한 손님이 손이 트지 않도록 하는 약이 있다는 이야기를 듣고 찾아와서는 약 조제법을 백금에 사겠다고 했네. 이에 가족들은 모두 모여 상의했지. '우리 집안은 대대로 솜을 빨았지만, 겨우 입에 풀칠만 하고 살 정도다. 그런데 이 약의 비법을 팔면 당장 큰돈을 벌 수 있게 된다.

---

4) 갈대나 풀, 짚 등으로 만든 곡식을 담는 용기를 일컫는 말로, 석石이라고 부르기도 한다. 성인 한 사람의 1년간 소비량 또는 장정 한 사람이 짊어질 수 있는 양을 말하며, 한 섬은 180리터로 곡식의 종류나 상태에 따라 무게가 달라진다. 예를 들어 벼 한 섬은 200킬로그램, 쌀 한 섬은 144킬로그램, 보리쌀 한 섬은 138킬로그램이다.

손님에게 비법을 파는 것이 어떠하겠느냐.' 결국 그 손님은 자신이 원했던 약방을 손에 넣은 뒤 오나라 왕을 찾아갔지. 그때 오나라는 마침 월나라와 전쟁을 벌이고 있었다네. 이에 오나라 왕은 그를 선봉으로 삼아 월나라군에 맞서 싸우게 했지. 한겨울에 수전水戰이 벌어졌는데, 오나라는 그가 가진 비법 덕에 월나라에 큰 승리를 거둘 수 있었고 오나라 왕은 그의 공적을 치하하며 상으로 영토를 주었네. 똑같은 약을 만드는 비법이지만, 어떤 사람은 그것을 활용하여 영토를 얻고, 또 어떤 사람은 솜 빠는 일조차 면하지 못했네. 그 이유는 바로 그 사용법이 달랐기 때문이네. 자네에게 닷 섬들이 큰 박이 있었는데, 어째서 그것으로 배를 만들어 강이나 호수에 띄울 생각은 하지 못했는가? 그러면서 박이 크고 넓기만 해서 쓸모 없다고 불평하는 것을 보니, 자네는 생각이 꽉 막힌 사람이구먼."

사람들은 사람이나 사물을 모두 쓸모 있거나 없는 것 두 종류로 구분 짓고 쓸모 있는 것은 선택하고 아닌 것은 배척한다. 세상에 존재하는 모든 것에는 본래 쓸모있음과 쓸모없음의 구분이 없다. 이 같은 구분은 다만 사람들이 자신들의 필요나 이해관계를 기준으로 삼아 정해놓은 것에 불과하다. 본래 쓸모있음과 쓸모없음이 존재하지 않는 사물일지라도, 판단 기준에 따라 순식간에 쓸모 있고 가치 있는 것으로 변하거나, 반대로 쓸모 없고 가치 없는 것으로 취급되기도 한다. 그러나 이런 기준들은 다만 인간이 만든 허상에 불과하다. 사실상, 쓸모 있는 것과 쓸모 없는 것은 서로 같은 것이다. 장자는 이렇게 말했다. "사람들은 모두 쓸모 있는 것의 쓸모는 알지만, 쓸모 없는 것의 쓸모는 모른다."[5] '쓸모없음'이란 많은 사람 또는 특정한 누군가가 내린 결론일 뿐이다.

학부모들은 자녀들에게 성적을 제외한 모든 것이 쓸모 없다고 생각하고 교사들은 학생들에게 학교 수업을 제외한 모든 것이 쓸모 없다고 생각한다. 마찬가지로, 전문가들은 자신의 일과 관련된 지식 외에는 모두 쓸모 없다고 여기고, 기업 경영자들은 오직 이익만을, 근로자들은 급여만을 중시하며 그 외에는 모두 쓸모 없다고 생각한다.

그러나 사회생활의 성공 여부는 어쩌면 사람들이 쓸모 없다고 여기는 것들의 작용으로 결정될지도 모른다. 이는 '쓸모없음의 쓸모있음(無用之用)'이 지닌 진정한 매력이다. 품격, 아량, 매력, 능력 이런 것들은 모두 쓸모없음의 쓸모있음으로 얻는 수많은 성과와 관련이 있다. 일반적으로, 품격이나 아량, 매력 등은 모두 돈이나 지위로는 얻을 수 없는 것들이며, 학력이나 지적 수준조차도 이것들을 결정짓는 절대적 요소는 될 수 없다. 이런 것들은 풍부한 경험이나 견문, 주변에서 벌어지는 일들에 대한 관심, 또 이를 바탕으로 형성된 문화적 소양에 의해 결정된다.

능력을 결정짓는 요인은 한층 더 다양하다. 쓸모있음의 쓸모있음만을 중시하는 사람, 한 방면의 전문지식이나 기술을 습득한 사람도 쓸모없음의 쓸모있음을 소중히 여긴다면, 전문성 여부에 상관없이 대세를 장악하는 능력을 손에 넣을 수 있다. 이런 사람들은 보고 듣고 배운

---

5) 人皆知有用之用, 而莫知無用之用也.

많은 경험으로 자연스럽게 사물의 규칙을 이해하고 파악한다. 그렇기에 그들은 어떤 일이 벌어져도 당황하지 않고 여유롭게 처리한다. 심지어 그들이 별 생각 없이 하는 일조차 항상 순조롭게 이루어지거나 높은 수준까지 도달한다. 소위 대가大家란 바로 이런 이들을 가리키는 말이 아닐까?

첸쉐썬(錢學森)[6] 선생은 원자바오(溫家寶) 총리에게 이렇게 말한 적이 있다고 한다. "과학자에게는 전문지식도 중요하지만, 예술과 문화에 대한 소양도 있어야 합니다. 학창시절을 떠올려보면, 그때 제 부친께서는 이과로 진학한 저에게 늘 음악이나 미술을 가까이하도록 해주셨습니다. 지금 와서 생각해보면 그 시절에 쌓은 예술적 소양이 창의적 사고에 큰 도움을 주었고, 오늘날 과학자 첸쉐썬을 있게 했다는 생각이 듭니다."

물질 사회에서 실용성을 중시하는 것을 비난할 수는 없다. 그러나 실용주의를 최우선시 하는 풍조로 흐른다면, 마냥 지켜볼 수만은 없다. 실용성을 지나치게 강조하면, '나무만 보고 숲을 보지 못하는' 편협한 시야를 가지게 된다. 온갖 다양함과 풍성함이 가득하기에 세상은 더없이 멋지지만, 동시에 그것들을 모두 가질 수 없는 안타까움이 우

---

6) 1911.12.11~2009.10.31. 중국의 공기동력학자다. 중국과학원 역학연구소 창설을 주도하고, 미사일과 원자폭탄 및 수소폭탄, 인공위성 개발에 주도적 역할을 했다. 중국이 건국 60년의 최대 업적으로 내세우는 이른바 '양탄일성(兩彈一星, 원자폭탄·수소폭탄과 인공위성)'의 일등공신으로 1991년 국무원과 중앙군사위원회로부터 중국 과학자의 최고 영예인 '국가걸출공헌과학자'을 받았다.

리를 무력하게 만들기도 한다.

'쓸모없음의 쓸모있음'을 보지 못하는 것은 안타까운 일이다. 이 같은 이치는 기업의 인재관리에서도 확연히 드러난다. 예컨대, A기업에서 쓸모 있는 인재로 평가받던 사람이 B기업에서도 그러리란 보장은 없다. 마찬가지로 아무리 쓸모 없어 보이는 사람이라도 적합한 자리를 찾게 되면 예상 밖의 실력이나 성과를 발휘할 수도 있다. 자리를 바꾸면 생각지도 못했던 성과를 올리는 경우를 자주 본다.

세상 것에는 집착할 것이 없다

○ **공자가** 대답했다. "헤엄을 잘 치는 사람이 노 젓는 법을 쉽게 배울 수 있다는 것은 그가 이미 물에 익숙하므로 물에서 자유롭기 때문이다. 잠수를 잘하는 사람이 배를 본 적이 없어도 곧 능숙하게 노를 저을 수 있는 것은 그가 깊은 물속도 땅 위의 언덕처럼 생각하고 배가 뒤집히는 것을 그저 수레가 뒤로 밀려난 정도로 여기기 때문이다. 그러니 그러한 상황이 눈앞에서 일어난다 하더라도, 그것이 그의 마음을 전혀 어지럽히지 못한 다. 이쯤 되면 그가 어떤 상황에 처한들 여유롭지 않겠느냐! 질그릇을 걸고 활쏘기내기 를 하면 차분한 마음으로 제 실력을 발휘할 수 있지만 금속으로 만든 띠고리를 걸고 활 을 쏘면 자신을 믿지 못하고 두려워하는 마음이 생기고, 황금을 걸고 내기를 하면 머리 와 마음이 모두 혼란해져 활을 더 잘 쏠 수 없게 된다. 그가 지닌 활솜씨는 본래 모두 같 지만, 소중히 하는 물건이 생기면 곧 외물을 소중히 여기는 것이 되기 때문이다. 무릇 누 구나 외물을 소중히 여기게 되면 그 자신의 속마음은 졸렬해지는 법이다."

– 《장자》「달생편」

《장자》「달생편」에는 다음과 같은 일화가 있다. 안연顏淵이 공자에게 물었다. "제가 전에 상심觴深[1]의 못을 건넌 적이 있는데, 그때 저를 연못 건너로 실어다 준 사공의 노 젓는 솜씨가 귀신과 같았습니다. 그래서 제가 물었습니다. '노 젓는 솜씨를 배울 수 있습니까?' 그러자 그는 배울 수 있다고 했습니다. '헤엄을 잘 치는 사람은 쉽게 노 젓는 법을 배울 수 있고 잠수를 잘하는 사람은 배를 본 적이 없더라도 곧 능숙하게 노를 저을 수 있습니다.' 그는 이렇게 대답했습니다. 제가 그 까닭을 물었지만 사공은 아무런 대답도 해주지 않았습니다. 사공의 말이 무슨 뜻인지 스승님께 여쭙고자 합니다."

공자가 대답했다. "헤엄을 잘 치는 사람이 노 젓는 법을 쉽게 배울 수 있다는 것은 그가 이미 물에 익숙하므로 물에서 자유롭기 때문이다. 잠수를 잘하는 사람이 배를 본 적이 없어도 곧 능숙하게 노를 저을 수 있는 것은 그가 깊은 물속도 땅 위의 언덕처럼 생각하고 배가 뒤집

■ 1) 송나라에 있던 연못 명칭이다.

히는 것을 그저 수레가 뒤로 밀려난 정도로 여기기 때문이다. 그러니 그러한 상황이 눈앞에서 일어난다 하더라도, 그것이 그의 마음을 전혀 어지럽히지 못한다. 이쯤 되면 그가 어떤 상황에 처한들 여유롭지 않겠느냐! 질그릇을 걸고 활쏘기내기를 하면 차분한 마음으로 제 실력을 발휘할 수 있지만 금속으로 만든 띠고리²⁾를 걸고 활을 쏘면 자신을 믿지 못하고 두려워하는 마음이 생기고, 황금을 걸고 내기를 하면 머리와 마음이 모두 혼란해져 활을 더 잘 쏠 수 없게 된다. 그가 지닌 활솜씨는 본래 모두 같지만, 소중히 하는 물건이 생기면 곧 외물을 소중히 여기는 것이 되기 때문이다. 무릇 누구나 외물을 소중히 여기게 되면 그 자신의 속마음은 졸렬해지는 법이다."

결국 외물에 집착할수록 인간은 타고난 본성을 점점 잃어가는 것이 아닐까? 하지만 세상에 외물이 아닌 것이 있을까? 따지고 보면 세상 모든 존재가 외물이다. 그러니 소유에 집착하지 말고 내려놓을 줄 알아야 한다. 없으면 없는 대로 지내면 되고, 필요한 것이 없다면 무언가를 새로 만드는 일에 뛰어들어 보는 건 어떨까? 그리고 어쩌면 새로 만드는 과정에서 의외로 흥미진진한 일들을 경험하며 더 다채로운 인생을 살게 될지도 모른다.

소유에 집착하지 말고 마음의 평정을 유지하며, 늘 긍정적으로 생

---

2) 대구(帶鉤: 띠고리). 고대의 유목 기마민족이 사용했던 복식용 혁대에 달고 있던 갈고리모양의 쇠붙이다. 갈고리 뒤쪽에 있는 버튼 모양의 돌기를 혁대 끝에 고정하여 갈고리를 다른 쪽 쇠고리나 구멍에 걸어 고정한다. 중국에서는 전국시대에 성행했고 한대까지 사용되었다. 청동으로 만들어진 것이 대부분이다.

각하고 행동하려고 노력해야 한다. 이때 가장 중요한 것이 바로 자신의 관점과 태도다. 소중히 여긴다면 내려놓을 줄도 알아야 하고, 자신의 힘으로 어찌할 수 없는 일은 포기할 줄도 알아야 한다. 만물이 모두 가짜 존재이므로 그 어느 것에도 집착할 필요가 없다.[3]

명성, 권력, 재물, 이성異性 같은 외물은 어느 것 하나 머물지 않고 끊임없이 모습을 바꾸어가며 사람들을 현혹한다. 그러나 우리가 외물의 존재를 무시하면 그것은 곧 힘을 잃게 되므로, 공연히 사서 하는 고민을 줄일 수 있다.

아는 것을 드러내는 것보다 알면서도 모르는 체하기가 쉽지 않다는 것은 누구나 알고 있다. 하지만 정말로 이를 실천에 옮기는 사람이 몇이나 될까? '이해득실을 마음에 두지 않고 영예나 굴욕에 흔들림 없이 무심할 수 있는 사람'[4]은 또 몇이나 될까?

우리가 명예와 이익을 위해 치열한 각축을 벌이고 사소한 일에서도 이해득실을 따질 때, 우리 마음은 현실세계에서 방향을 잃고 타고난 본성을 잃어버리고 만다. 그러니 잃어버렸던 본성이 돌아올 수 있도록 마음 한곳에 세속에 얽매이지 않는 자유로운 공간을 마련해 두자.

---

3) 本來無一物, 何處惹塵埃. 세상 모든 사물은 가짜 존재이므로 한 물건도 집착할 것이 없다는 뜻이다. 불교의 무소유 관념과 일맥상통한다고 볼 수 있다.
4) 寵辱不驚, 閑看庭前花開花落. 去留無意, 任天際雲卷雲舒(또는 萬隨天外雲卷雲舒). 정원에 꽃이 만개했다 시들고, 하늘의 구름이 모였다 흩어지는 것은 모두 자연의 상승과 하강 등의 순환작용이며, 인생의 성공과 실패, 인간세상의 냉혹함과 따뜻함과 같은 조물주의 정성스런 안배이다. 조용한 방안에 앉아 총애와 모욕을 모두 초월하니, 놀라지 않고 감정의 변화가 심하지 않다. 그리하여 마음은 고인 물과 같고 기운은 평화로우니 인생의 진실함이 발현되어 오랫동안 탐구할 수 있다. −《채근담菜根譚》 하 「세상을 읽는 천 년의 기록」 중 p252 (홍응명 저, 양성희 역, 소담출판사, 2007) (예화 인용−옮긴이)

또 다음과 같은 일화도 있다.

한나라 영제靈帝 때, 맹민孟敏이 태원太原 땅에서 객지살이를 했다. 어느 날 맹민이 시루를 지고 길을 가다가 실수로 시루를 떨어뜨려 깨뜨리고 말았는데, 그는 이를 뒤돌아보지도 않고 계속 앞으로 갔다. 태원의 명사名士 곽태郭泰가 이를 보고 이상하게 여겨 그에게 그 이유를 물었다. 그러자 맹민은 이렇게 대답했다. "시루가 이미 깨졌는데 돌아본다고 무슨 소용이 있겠습니까?"[5]

떨어져 산산조각이 난 시루는 원래대로 만들 방법이 없다. 뒤돌아본들 아무런 도움이 되지 않으므로 차라리 가던 길을 계속 가는 것이 낫다. 이 일화는 어쩔 수 없는 일에 매달려 안타까워하거나 후회하며 외물에 얽매일 바에는 차라리 실패와 좌절의 그늘을 완전히 벗어버리고 마음의 짐을 내려놓은 채 앞으로 나아가는 것이 현명하다는 가르침을 담고 있다.

이 일화를 읽을 때마다 나는 항상 맹민의 소탈함에 감탄을 금치 못한다. 이 얼마나 지혜로운 대답인가! 이미 지나간 일은 되돌릴 수 없다. 그렇다면 굳이 그 일에 얽매여 슬퍼하거나 안타까워할 필요가 없다. 우리는 외물에 얽매인 나머지 자신을 구속하거나 미련을 떨쳐버리지 못할 때가 많다. 하지만 "눈이 녹는다고 해서 반드시 물이 되는 것이 아니라 봄이 되기도 하며, 낙엽이 진다고 해서 반드시 쓸쓸해지는 것이 아니라 열매를 맺는 기쁨을 얻기도 한다." 얼마나 많은 세상사가

---

5) 파증불고破甑不顧. 지나간 일은 아쉬워해도 소용없으므로 깨끗이 단념하는 것을 비유하는 고사성어다.

덧없이 변하고, 또 얼마나 많은 현재가 역사로 변모했을까? 생명은 본래 일곱 가지 무지갯빛을 가지고 있기에 외물에 얽매이지 않는 한 영원히 회색으로 칠해지는 일은 없다.

우리의 영혼을 독수리로 변화시켜 푸른 하늘과 흰 구름 아래에서 힘껏 싸우게 함과 동시에 세상의 드넓음과 광활함을 느끼게 하고, 작은 배로 변화시켜 한없이 넓고 깊은 바다를 유유히 떠가며 바다의 깊고 넓음을 느끼게 하며, 한 줄기 실바람으로 변화시켜 들판과 언덕에서 한가롭게 거닐며 대지의 후덕함과 관용을 느끼게 하자. 영혼이 넓음과 깊음, 그리고 후덕함을 갖추게 될 때 비로소 세속을 꿰뚫어 보는 지혜와 마음의 평온, 초연함을 얻을 수 있으며 마침내 생명의 고귀함과 풍성함을 깨닫는 경지에 이를 수 있다.

인생의 지극한 즐거움을 음미할 수 있는 유일한 방법은 타고난 본성 그대로 자유롭게 살아가는 것뿐이다. 그러니 본연의 모습 그대로 살아가자. 과거에 대한 집착으로 방황하거나 괴로워하지 말자. 모든 근심 걱정은 바람과 구름에 실어 보내 우울함을 모두 날려 버리자. 진정한 즐거움을 알고 관용을 배우자. 평온한 마음으로 진정한 자신과 타인들을 받아들이자.

삶이 항상 순조로울 수만은 없다. 살다 보면 선택의 갈림길에 서게 될 때가 많다. 하지만 어떤 길을 선택하든 그것은 모두 자신의 선택이자 인생을 살아가는 태도다. 그러므로 반드시 용감하게 앞을 향해 나아가야 한다. 마음속에 넓은 세상을 품는다면 세상에 극복하지 못할 고난은 없다. 고개를 똑바로 들고 앞으로 나아가라.

자신이 가진 사소한 소유에 집착하지 마라. 고요하고 평온한 가운데 영예나 굴욕에 흔들림 없이 무심할 수 있게 될 때 인생은 조금 더 완벽에 가까워진다.

▌왜 '이기고 지는' 관계로만 보는가

○ **장자가** 장례행렬을 뒤따르다 우연히 혜시의 묘를 지나게 되었다. 장자는 제자를 돌아보며 이렇게 말했다. "영 땅에 사는 어떤 이가 자기 코끝에 백토를 파리 날개처럼 얇게 바른 뒤 석장에게 도끼로 그것을 벗겨내게 했다. 석장은 바람 소리가 날 정도로 도끼를 휘둘러 코에는 작은 상처하나 남기지 않고 백토만을 깨끗이 벗겨냈다. 영 땅에 사는 사람은 석장이 도끼를 휘두르는데도 평소와 다름없이 그 자리에 담담히 서 있었다. 이 이야기를 들은 송나라 원군이 석장을 불러들여 자신에게도 그 재주를 보여 달라고 했다. 그러자 석장이 말했다. '분명 예전에는 그 재주를 부릴 수 있었지만, 지금은 그 상대가 이미 죽고 없어서 다시 할 수가 없습니다.' 나 역시 혜시가 죽은 뒤로는 상대가 없어졌다. 논하고자 해도 그럴 만한 상대가 없구나."

– 《장자》「서무귀편」

장자가 장례행렬을 뒤따르다 우연히 혜시(=혜자)의 묘를 지나게 되었다. 장자는 제자를 돌아보며 이렇게 말했다. "영[1]땅에 사는 어떤 이가 자기 코끝에 '백토白土'를 파리 날개처럼 얇게 바른 뒤 석장石匠에게 도끼로 그것을 벗겨내게 했다. 석장은 바람 소리가 날 정도로 도끼를 휘둘러 코에는 작은 상처하나 남기지 않고 백토만을 깨끗이 벗겨냈다. 영 땅에 사는 사람은 석장이 도끼를 휘두르는데도 평소와 다름없이 그 자리에 담담히 서 있었다. 이 이야기를 들은 송나라 원군元君이 석장을 불러들여 자신에게도 그 재주를 보여 달라고 했다. 그러자 석장이 말했다. '분명 예전에는 그 재주를 부릴 수 있었지만, 지금은 그 상대가 이미 죽고 없어서 다시 할 수가 없습니다.' 나 역시 혜시가 죽은 뒤로는 상대가 없어졌다. 논하고자 해도 그럴 만한 상대가 없구나."

이 일화에서 호적수이자 둘도 없는 친구인 혜자를 잃은 장자의 슬픔

---

1) 郢: 초나라 수도

과 안타까움을 절실하게 느낄 수 있다.

한시도 조용할 날이 없는 세상에서 다른 사람과 정신적 교감을 나누며 살기란 쉽지 않다. 자신이 고독하다고 생각하는 사람은 늘 다른 사람들이나 외부세계와의 교류를 간절히 소망한다. 하지만 그들은 보통 독선적이거나 말주변이 없어서 사람들과 쉽게 어울리지 못한다. 사람들로 북적이던 장소에 있다가 돌연 혼자 남게 되었을 때 느끼는 감정은 단순히 분위기를 타는 것에 불과하다. 이때 그들이 느끼는 고독은 일종의 심리상태일 뿐이다. 진정한 영혼의 고독이란 친구나 라이벌을 잃었을 때에야 비로소 절실히 실감할 수 있다.

인생에 친구가 없다면 얼마나 고독할까. 친구는 어려움에 처했을 때 도움의 손길을 내밀어 주고 의기소침해 있을 때면 따뜻한 격려로 기운을 북돋아주며, 기쁨과 슬픔을 모두 함께 공유할 수 있는 소중한 존재이다. 라이벌은 내게 스트레스를 주는 상대이자 인생의 방해물이며, 때로는 시련과 고통을 안겨주는 존재이다. 하지만 경쟁을 한층 더 흥미진진하게 만들어주고 앞으로 나아갈 방향을 제시해줄 뿐만 아니라 용기와 성공에 대한 희망을 주는 존재이기도 하다. 또한 라이벌은 성장의 촉매제로, 자신을 한 단계 성장시켜 성공으로 이끌어주는 고마운 존재다. 그래서 친구 없는 인생도 고독하지만, 라이벌 없는 인생은 훨씬 더 고독하다.

자연에 경쟁이 없다면 적자생존은 물론, 진화 역시 불가능하다. 동물들이 지닌 뛰어난 능력은 바로 치열한 생존경쟁 속에서 얻어낸 결과이다. 우리의 삶 역시 끝없는 경쟁의 연속이다. 그러자 어떤 이들은 라이벌을 눈엣가시로만 여기며 라이벌이 사라지면 인생이 결코 완벽해질 수 없다는 사실을 전혀 생각지도 못한다.

일본 홋카이도에 뱀장어로 유명한 어촌이 있었다. 그곳 어민들 대다수가 뱀장어잡이로 생계를 유지했다. 뱀장어는 일단 심해深海를 떠나면 반나절도 되기 전에 모두 죽어버린다. 그런데 한 늙은 어부가 잡은 뱀장어는 신기하게도 늘 뭍으로 돌아올 때까지 살아서 펄떡펄떡 뛰었다. 그 비결은 바로 잡은 뱀장어 무리 안에 메기를 몇 마리 풀어놓는 것이었다. 메기는 뱀장어의 천적이기 때문이다. 하지만 뱀장어가 가득한 어장 안에 메기 몇 마리를 풀어놓으면, 오히려 수적인 열세에 당황한 메기가 온 사방을 휘젓고 다니게 된다. 그 덕분에 다 죽어가던 뱀장어들은 이리저리 메기를 피해 도망치느라 숨이 끊어질 새도 없이 전부 팔팔하게 살아나게 되는 것이다.

어느 동물학자가 아프리카 오렌지 강Orange River 기슭에 서식하는 동물들을 관찰하던 중 매우 희한한 현상을 발견했다. 동쪽 강변에 서식하는 영양이 서쪽 강변에 서식하는 영양보다 번식력은 물론 달리기 속도까지도 유난히 뛰어났던 것이다. 달리기 속도의 경우 동쪽 강변의 영양이 서쪽 강변의 영양보다 분당 13미터 정도로 빨랐다.

동물학자들은 그 이유가 무엇인지 좀처럼 해답을 찾아내지 못했다. 양쪽 강변에 서식하는 영양의 생존 환경과 먹이가 모두 같았기 때문이다. 이 현상을 발견한 동물학자는 동물보호협회에 한 가지 실험을 제안했다. 동서 기슭에서 각각 영양 10마리를 선택하여 서로 서식지를 바꾸는 실험이었다. 그 결과, 서쪽으로 옮긴 영양은 14마리까지 번식했지만, 동쪽으로 옮긴 영양은 10마리 중 7마리가 늑대에게 잡아먹히고 단 3마리만이 살아남았다. 동물학자들은 그제야 의문의 해답을 찾을 수 있었다. 동쪽에는 근처에 늑대 무리가 서식하고 있었기 때문에 동쪽 강변에 서식하는 영양이 서쪽 강변의 영양보다 더 뛰어났던 것이다. 생존을 위해서 동쪽 강변의 영양들은 하루하루 경쟁 속에서 생활했고 그 경쟁에서 살아남은 영양들은 날이 갈수록 더 강한 전투력을 갖게 되었다. 그러나 생존을 위협하는 늑대와 같은 천적이 없었던 서쪽 강변의 영양은 안일하게 살아온 탓에 체력적으로 크게 약화되었다. 캘리포니아의 〈애니멀 컨서베이션Animal Conservation〉 잡지에서도 위와 비슷한 일화를 소개했다.

페루의 국립삼림공원에 아메리카호랑이 한 마리가 살고 있었다. 아메리카호랑이는 전 세계를 통틀어 17마리밖에 남지 않은 멸종위기에 처한 동물이었기에 페루 정부는 심혈을 기울여 이 희귀동물을 보호하고자 했다. 20제곱킬로미터에 달하는 넓은 공간을 서식지로 조성해 호랑이가 자유롭게 살 수 있는 환경을 마련해 주었다. 아메리카호랑이는 울창한 숲과 계곡이 있고 맑은 냇물이 흐르는 아름다운 공원에서 사육사들이 제공해 주는 소, 양, 사슴, 토끼 고기를 배불리 먹었다. 심지어 관광객들은 이 삼림공원이야말로 아메리카호랑이에게는 지상낙원이나 다름없다고 말할 정도였다.

그런데 이상하게도 일부러 '살아 있는 사냥감'을 우리에 넣어주어도 아메리카호랑이가 그것을 사냥하는 모습이나 동물의 왕다운 기개를 뽐내며 공원의 드넓은 밀림을 이리저리 누비는 모습을 본 사람은 아무도 없었다. 심지어 호랑이답게 그럴싸하게 포효하는 모습조차도 볼 수 없었다. 그 대신 온종일 에어컨이 있는 우리에서 늘어지게 졸다가 배가 고프면 먹고, 배가 부르면 자는 나른한 모습만을 볼 수 있었다. 페루 정부는 짝 없이 홀로 외로워서 그렇다고 판단했고 급기야 외교적 수단을 동원하여 콜롬비아에서 암컷 아메리카호랑이 한 마리를 데려오기까지 했다. 그러나 결과는 마찬가지였다.

그러던 어느 날 동물행동학자가 공원을 참관하다가 축 늘어져 있는 아메리카호랑이의 모습을 보고는 사육사에게 이렇게 말했다. "호랑이는 밀림의 왕입니다. 이들이 생활하는 환경 속에 온순한 초식동물들만 풀어놓아서는 안 됩니다. 늑대라도 몇 마리 풀어놓거나 그것이 여의치 않다면 최소한 하이에나 두 마리 정도는 함께 두어야 합니다. 그렇지 않으면 아메리카호랑이는 무슨 수를 쓰든 기력을 차리지 못할 것입니다."

사육사는 동물학자의 의견에 따라 동물원에서 아메리카표범 몇 마리를 데려왔다. 결과는 놀라웠다. 아메리카표범이 공원에 들어온 날 이후로 아메리카호랑이가 나른하게 누워 있는 모습은 볼 수 없었다. 매일 언덕에 올라 사납게 포효했고 순식간에 산에서 내려와 경계태세를 갖추고 밀림을 수색이라도 하듯 이리저리 돌아다녔다. 아메리카표범의 등장으로 아메리카호랑이는 다시금 용맹스럽고 위풍당당한 호랑이의 본성에 눈뜨게 되었다. 다시 본연의 모습을 되찾은 아메리카호랑이는 밀림의 왕으로 다시 태어날 수 있었다.

이처럼 어떤 동물들은 천적이 사라지면 생기를 잃고 의기소침해진다. 사람도 마찬가지다. 라이벌이 없는 사람은 타성에 젖어 현실에 안주하는 나태하고 게으른 삶을 살 수밖에 없다. 회사 역시 경쟁구도를 형성하는 라이벌 회사가 없으면, 시간이 지날수록 내부 구성원들끼리 서로 의지하고 일부 몇 명의 가치관이나 성격에 감화되어 획일화 경향을 띠게 되고, 결국은 활력을 잃게 된다. 경쟁업종이 없는 경우 역시, 진취적 의지를 잃고 현재에 안주하다가 결국 업종의 쇠퇴를 가속시킬 수도 있다.

강력한 라이벌은 우리 삶에 한 치도 방심할 수 없는 팽팽한 긴장감을 부여함으로써, 한층 더 왕성한 활력과 의지를 불러일으킨다. 라이벌은 성장 동력이 될 수 있다. 라이벌에게 지고 싶지 않다면 스스로 끊임없이 발전하는 것만이 유일한 방법이기 때문이다. 라이벌은 우리의 약점을 잡아낸 다음, 가차 없는 공격을 퍼붓는다. 이 때문에 우리는 단점을 고쳐 발전하고자 하는 의지를 갖게 된다. 또한 라이벌은 우리가 자만에 빠질 때마다 경종을 울린다. 패배자 중에는 잔머리를 쓰거나, 상대의 실력을 과소평가하다가 호되게 당한 이들이 많다. 사실상 그들은 라이벌에게 패한 것이 아니라, 자기 자신에게 진 셈이다.

라이벌을 소중히 하라. 라이벌은 '적'이 아니다. 오히려 용기와 진취성을 북돋아주고 끊임없는 자기발전을 독려하는 따끔한 인생의 가르침이다. 라이벌이 있어야 살아서 펄떡거리는 뱀장어도 될 수 있고, 위풍당당한 아메리카호랑이도 될 수 있다.

라이벌은 우리 삶에 활력을 주고 시련에 맞서 싸울 수 있는 힘을 불어 넣어 준다. 그가 있기에 우리는 자신의 무한한 가능성을 펼칠 기회를 얻게 된다. 성공의 무대 위에 올랐을 때, 반드시 기억하라. "성공의 메달 안에는 나의 공이 반이고, 라이벌의 공이 반이다."

싸움의 최고 기술

○ 기성자라는 사람이 있었는데, 주나라 선왕을 위해 싸움닭을 훈련시키게 되었다. 열흘이 지난 뒤, 선왕이 기성자를 불러서 물었다. "훈련은 좀 되었는가?" 기성자가 대답했다. "아직 멀었습니다. 닭들이 아직 허장성세가 심한 걸로 보아 아직 싸움을 시킬 수 없습니다." 다시 열흘이 지난 뒤, 선왕이 기성자를 불러서 묻자 기성자가 대답했다. "안 됩니다. 다른 닭의 울음소리를 듣거나 근처에 다른 닭의 기척만 느껴도 곧 싸우려 듭니다." 그로부터 열흘 뒤, 선왕이 다시 기성자를 불러 물었다. 그러나 기성자는 여전히 같은 대답만 할 뿐이었다. "안 됩니다. 아직도 다른 닭을 보면 노려보면서 여전히 지지 않으려고 기를 씁니다." 그리고 또 열흘이 지났다. 선왕이 다시 기성자를 불러서 묻자 그는 이렇게 대답했다. "이제는 거의 되었습니다. 다른 닭이 싸움을 걸어와도 동요하는 기미조차 없으니, 마치 나무로 만든 닭처럼 보일 정도입니다. 덕이 충만하여 다른 닭들은 감히 싸움을 걸어오지 못하며, 그를 보기만 해도 고개를 떨구고 도망칩니다."

– 《장자》 「달생편」

54

주나라 때, 싸움닭을 잘 훈련시키기로 유명한 기성자 紀渻子라는 사람이 있었는데, 그가 훈련시킨 닭은 싸움에서 지는 법이 없었다. 그의 명성은 주나라 선왕宣王의 귀에까지 들어가게 되었다. 선왕은 많은 재물과 예의를 갖추어 그를 초빙한 뒤, 그에게 주나라 왕실을 위해 전문적으로 싸움닭을 훈련시킬 것을 명했다. 이렇게 해서 기성자는 어느 것 하나 부족할 것 없는 환경에서 오로지 싸움닭의 훈련에만 전념할 수 있었다.

열흘이 지난 뒤, 정무가 한가해지자 선왕은 기성자를 불러서 물었다. "훈련은 좀 되었는가?" 기성자는 솔직하게 대답했다. "아직 멀었습니다. 닭들이 아직 허장성세가 심한 걸로 보아 아직 싸움을 시킬 수 없습니다." 선왕은 실망하여 돌아갈 수밖에 없었다.

다시 열흘이 지난 뒤, 닭싸움을 시키고 싶어서 좀이 쑤시기 시작한 선왕이 다시 기성자를 불러서 물었다. "이제는 훈련이 좀 되었는가?" 그러나 기성자의 대답은 여전히 변함없었다. "안 됩니다. 다른 닭의 울음소리를 듣거나 근처에 다른 닭의 기척만 느껴도 곧 싸우려 듭니다." 선왕은 이번에도 포기하고 돌아설 수밖에 없었다.

그로부터 열흘 뒤, 이쯤이면 싸움닭의 훈련도 어느 정도 마무리되었을 것으로 여긴 선왕이 다시 기성자를 불러 물었다. 그러나 어찌 된 일인지, 기성자는 여전히 선왕의 심기를 불편하게 하는 대답을 할 뿐이었다. "안 됩니다. 아직도 다른 닭을 보면 노려보면서 여전히 지지 않으려고 기를 씁니다." 심기가 불편했지만, 이번에도 선왕은 물러설 수밖에 없었다.

그리고 또 열흘이 지났다. 선왕은 큰 기대 없이 혹시나 하는 마음으로 다시 기성자를 불러서 물었다. "이제는 좀 되었는가?" 기성자가 대답했다. "이제는 거의 되었습니다. 다른 닭이 싸움을 걸어와도 전혀 동요하는 기미조차 없으니, 마치 나무로 만든 닭처럼 보일 정도입니다. 덕이 충만하여 다른 닭들은 감히 싸움을 걸어오지 못하며, 그를 보기만 해도 고개를 떨구고 도망칩니다."

훗날, 선왕은 기성자가 훈련시킨 싸움닭으로 대승을 거두었다. 이것이 바로 '태약목계呆若木鷄'라는 고사성어의 유래다. 지금은 이 고사성어의 유래와 본뜻의 의미가 크게 달라져서, 매우 어리석은 사람을 가리키거나 공포나 놀람으로 넋을 잃고 우두커니 있음을 비유하는 말로 사용된다.

상대보다 한발 앞서 나간다고 반드시 기선을 제압할 수 있는 것은 아니다. 서둘러 많이 움직이는 것보다 오히려 조용히 기다리는 쪽이 더 유리할 수도 있다. 무사들이 무술을 겨룰 때에도 진정한 고수는 고요함으로 상대를 제압한다(이정제동以靜制動). 양쪽 군대가 대치하는 가운데 적군의 상황을 파악할 수 없다면, 섣불리 움직이지 말고 조용히 상황을 지켜보는 편이 낫다. '마음이 고요하면 멀리까지 이른다(영정치원寧靜致遠)', '고요함이 극에 달하면 자연히 변화의 방향으로 움직인다(정극사동靜極思動)'는 말처럼 나무보다는 숲 전체를 냉정한 시각으로 바라볼 때 성급함으로 일을 그르치는 실수를 하지 않는다.

한국의 바둑고수 이창호는 이렇게 말했다. "바둑은 인생의 축소판이다. 바둑을 두는 포석이 화려할수록 상대의 공격을 받기 쉽다. 우리 삶에서는 잘못을 적게 범하는 사람이 겉만 그럴듯하고 실속 없는 사람보다 훨씬 쉽게 성공할 수 있다."

그가 말하고자 하는 것 역시 바로 이 같은 도리다. 닭싸움도 마찬가지로 섣부른 공격보다는 조용한 관찰이 더 나을 수 있다. 무슨 일이든 성급히 행동하기보다는 상황의 변화를 지켜보면서 동향을 주시하는 편이 낫다. 변함없는 것으로써 모든 변화에 대응하는 것이야말로 최고의 도道다. 《채근담》에도 다음과 같은 말이 있다. "청렴결백한 사람은 사치스런 사람의 의심을 받고, 엄격한 사람은 방종한 사람의 미움을 받게 마련이다. 그러나 군자는 어떤 때에도 변함없이 지조를 지켜야 하며, 지나친 엄격함만을 강조해서도 안 된다."[1]

---

1) 淡泊之士, 必爲濃艶者所疑; 檢飾之人, 多爲放肆者所忌. 君子處此固不可少變其操履, 亦不可太露其鋒芒. 《채근담》 상 「세상을 읽는 천 년의 기록」 중 p208 (홍응명 저, 양성희 역, 소담출판사, 2007) (예화 인용—옮긴이)

명리名利에 연연하지 않는 사람은 분명 명리를 좇는 사람의 의심을 사게 된다. 생활이 검소하고 언행이 조심스러운 사람은 대부분 방탕한 사람들의 시기와 질투를 받는다. 절개 있고 올곧은 군자는 자신의 뜻을 꺾어서는 안 되지만, 능력을 숨김없이 전부 드러내며 과시해서도 안 된다. 또한 마음에 거리낌이 없고 온화하며 명리를 좇지 않고, 함부로 자신의 능력을 과시하지 말아야 하며, 확고한 신념을 지니고 항상 유사시를 대비하여 자기 수양을 게을리하지 말아야 한다. 또한 침착하게 때를 기다리며 자신의 뛰어남을 감출 줄도 알아야 한다.

그러나 우리는 이와 반대되는 사람들을 수없이 보아왔다. 자기 혼자 고상하다고 여기며 기세등등하고 미래를 전혀 대비하지 않고 자신의 능력을 숨김없이 드러내며 뽐내는 사람 말이다. 이들은 남을 대할 때 거만함이 하늘을 찌르고 자신의 능력과 지혜를 한껏 부풀려 과시한다. 물론 이런 사람들 대부분은 인생에서 실패를 거듭한다.

▌빈 잔만이 채울 수 있다

○ 남영주는 양식을 준비하고 이레 동안 밤낮을 가리지 않고 발길을 재촉한 끝에 마

침내 노자와 마주할 수 있게 되었다. 두 사람이 마주하게 되자, 노자는 대뜸 그에게 이렇

게 물었다. "자네는 경상초가 있는 곳에서 왔는가?" 남영주가 대답했다. "그렇습니다."

노자가 다시 물었다. "오면 오는 게지. 굳이 이렇게 많은 사람을 데리고 올 필요가 있는

가?" 노자의 말에 깜짝 놀란 남영주는 뒤를 돌아보았다. 그러나 누가 있을 턱이 없었다.

그러자 노자가 다시 물었다. "정말 내가 말한 뜻을 알아듣지 못했는가?" 그는 고개를 숙

이고 부끄러워하며 탄식했다. "이제 저는 제가 어떻게 대답해야 할지 잊었고, 제가 무엇

을 물으려 했었는지도 잊고 말았습니다."

– 《장자》 「경상초편」

머릿속이 딴생각으로 가득하다면 공부를 해도 능률이 오를 리 없다. 무언가를 배우고자 한다면 먼저 자만심을 버리고 마음의 그릇을 비워야 한다. 이미 수천 년 전에 장자 역시 다음과 같은 이야기를 통해 이 같은 가르침을 전하려 했다.

대성인大聖人으로 명성이 높았던 노자 주변에는 항상 그의 가르침을 들으려는 사람들로 발 디딜 틈이 없었다. 심지어 공자조차도 노자에게 '예禮'에 관해 물었을 정도였다. 어느 날 남영주南榮趎라는 사람 역시 가르침을 청하기 위해 노자를 찾아왔다.

사실, 이 남영주란 인물은 노자를 찾아오기 전, 먼저 경상초庚桑楚를 찾아가 가르침을 청했다. 경상초는 노자의 제자 중에서도 특히 출중했던 인물이었다. 그래서 그가 학업을 마친 뒤로는 그에게 가르침을 청하는 이들이 많았다. 남영주 역시 그런 이들 중 하나였다.

남영주는 자신을 혼란으로 몰아넣은 수많은 의문점을 들고 경상초를 찾아갔다. 그렇지만 경상초가 입에 침이 마르고 기진맥진할 때까지 설명에 설명을 거듭해도 남영주의 의문은 풀리지 않았다. 결국 경상초는 이렇게 말했다. "내가 알려줄 수 있는 것은 여기까지네. 자네를 감화시키기에는 내 능력이 부족하니, 남쪽에 계신 내 스승 노자를 찾아가 보는 것이 어떻겠는가?"

남영주는 양식을 준비하고 이레 동안 밤낮을 가리지 않고 발길을 재촉한 끝에 마침내 노자와 마주할 수 있었다. 노자는 대뜸 그에게 이렇게 물었다. "자네는 경상초가 있는 곳에서 왔는가?"

남영주가 대답했다. "그렇습니다." 노자가 다시 물었다. "오면 오는 게지. 굳이 이렇게 많은 사람을 데리고 올 필요가 있는가?"

노자의 말에 깜짝 놀란 남영주는 뒤를 돌아보았다. 그러나 뒤에 누가 있을 턱이 없었다. 그는 노자가 이렇게 묻는 의도를 전혀 이해할 수 없었다. 그러자 노자가 남영주에게 다시 물었다. "정말 내가 말한 뜻을 알아듣지 못했는가?"

노자의 반문에 남영주는 한층 더 혼란에 빠지고 말았다. 그는 고개를 숙이고 부끄러워하며 탄식했다. "이제 저는 제가 어떻게 대답해야 할지 잊었고, 제가 무엇을 물으려 했는지도 잊고 말았습니다."

노자의 문답은 상당히 의미심장하다. 노자가 남영주에게 던진 첫 질문은 그의 머릿속에 그가 이제껏 받아들인 다른 사람들의 생각들이 가득 차있음을 지적한 것이었다. 이처럼 머릿속이 온갖 생각들로 가득하면, 더 이상 새로운 지식을 받아들일 공간이 부족할 수밖에 없다.

새로운 지식이나 정보를 받아들이려면 먼저 머릿속을 비워야 한다. 이는 빈 잔에는 차를 따를 수 있지만, 가득 찬 잔에 차를 따르면 넘쳐

흐르는 것과 같은 이치다. 노자는 남영주에게 의문의 답을 얻고자 한다면, 먼저 기존의 지식과 경험들로 가득한 머릿속을 비워야 함을 알려주려고 했던 것이다.

이 가르침은 우리에게도 동일하게 적용된다. 학업을 마치고 사회생활에 접어들면 이미 어른이 된 사람들의 머릿속은 온갖 생각들로 가득 차 있다. 그래서 흔히 나이 들수록 새로운 지식이나 변화를 받아들이기 어렵다고 한다. 물론 이미 우리의 머릿속을 채우고 있는 것들은 도움이 되는 것일 수도 있지만, 새로운 지식이나 지혜가 들어갈 공간을 차지하고 있다는 점에서는 장애물에 불과할 뿐이다. 청소년기가 배움에 가장 적합하다고 하는 이유는 바로 이 때문이다. 이 시기에는 새로운 내용들을 수용할 수 있는 공간이 어른들에 비해 넓을 뿐만 아니라, 이미 자신이 알고 있는 것에 그다지 집착하지도 않는다. 이미 알고 있는 사실들에 대한 집착이나 고집은 새로운 내용을 배우거나 받아들이기 어렵게 만든다. 이렇게 본다면, 남영주의 고민과 혼란은 곧 현대를 살아가는 우리의 문제이기도 하다.

스승인 노자를 찾아가도록 권한 것은 경상초가 남영주를 도울 수 있는 최선의 해결책이었다. 그렇다면 노자는 어떤 방법으로 남영주의 의문을 해결하려 했을까? 노자가 선택한 방법은 바로 '따끔한 충고'였다. 노자는 남영주를 보자마자 대뜸 그에게 질문공세를 퍼부었다. 여기에 놀란 남영주는 본래 노자에게 물어보려 했던 질문들을 까맣게 잊고 말았다.

'허심虛心'이란 마음을 비우는 것을 말한다. 이는 겸손한 태도를 뜻하기도 하지만, 그보다는 '열린 마음'이라는 뜻에 더 가깝다. 바다가 모든 물을 받아들일 수 있는 것은 바다가 모든 강과 하천들보다 더 낮은 위치에 있기 때문이다. 진정으로 뛰어난 사람은 배움을 추구하기 전에 항상 먼저 자신의 그릇을 비운다. 그리고 다른 사람의 장점이나 능력은 물론, 새로운 것을 받아들일 기회도 놓치지 않는다.

혹시 남영주의 모습을 보면서 경솔했던 자신의 행동을 떠올리지는 않았는가? 오만, 독선, 자만은 귀를 막고 시야를 좁혀 우리를 앞으로 나아가지 못하게 하고 현실에 안주하게 만든다. 흔히 사람들은 예기치 못한 변화나 새로운 도전에 직면하면, 현실을 직시하고 새로운 대응책을 찾으려 하기보다 예전 방식 그대로를 답습하려 할 때가 많다. 때로는 현실과 대면하기를 거부하고 낯선 위험으로부터 도망치고 싶기도 할 것이다. 이런 반응들은 지극히 당연하다. 그러나 이렇게 타성에 젖어들면 결국 세상의 변화에 점점 더 적응하기 어려워질 뿐이다.

항상 자신의 그릇을 비워두도록 하자. 과거에 대한 미련이나 집착을 버리고 몸과 마음을 가볍게 만들자.

▌우회할 줄도 아는 지혜

○ **저공이** 원숭이들에게 도토리를 주며 말했다. "아침에는 3개, 저녁에는 4개를 주겠다." 원숭이들이 모두 화를 내자, 그가 다시 말했다. "그러면 아침에 4개, 저녁에 3개를 주겠다." 그러자 원숭이들은 모두 기뻐했다.

– 〈장자〉 「제물론편」

미술교사인 친구가 이런 이야기를 한 적이 있다. 미술에는 사람의 마음을 사로잡는 매력이 있는데, 정작 미술을 배우는 학생들은 전혀 그 같은 매력을 실감하지 못한다고 했다. 그도 그럴 것이 학생들은 이미 오래전부터 교과과정에 따라 진행하는 진부한 수업방식에 익숙해질 대로 익숙해져 있고, 수업을 진행하는 교사 역시 가르치는 내용에 권태를 느끼고 있는 것이 미술수업의 현주소가 아니던가. 새로운 내용이라고는 전혀 찾아볼 수 없는 교과내용은 점점 더 미술에 대한 흥미를 떨어뜨릴 뿐이었다. 그래서 그는 과감하게 수업방식을 바꿔보기로 했다.

우선, 그는 학생들이 미술시간에 배울 내용을 직접 정하도록 했다. 일단 자신이 맡고 있는 2학년 학생들을 대상으로 실험을 해 보았다. 교과과정 순서대로 배울 것인지 아니면 좋아하는 내용부터 배울 것인지 학생들의 의견을 물었다. 그 결과, 4개 학급 중, 3개 학급 학생들은 자신들이 좋아하는 내용을 먼저 배울 수 있다는 사실에 기뻐했고, 단 1개 학급만이 예전처럼 교과과정에 따라 배우길 원했다.

그다음으로 그는 수업방식을 달리한 후 어떤 효과가 있는지 살펴보았다. 첫 수업부터 그는 깜짝 놀랐다. 학생들이 '종이상자로 가구 만들기'를 선택했기 때문이다. 예전에는 학생들이 종이상자를 준비해오기를 싫어해서 이 수업은 해보지도 못하고 건너뛰는 경우가 많았다. '학생들은 어째서 가장 먼저 배우고 싶은 내용으로 이것을 선택한 것일까? 직접 선택한 내용을 배우게 되면, 학생들의 학습태도는 달라질까?' 그는 반신반의하며 교실에 들어섰다. 그리고 깜짝 놀랐다. 그들은 저마다 자신이 준비해 온 종이상자가 얼마나 멋진 가구로 변신할 수 있을지 잔뜩 기대하고 있었다. 이 방법은 단기간 내에 놀라운 성과를 발휘했다.

세 번째는 교구준비에 관한 문제였다. 학생들이 준비물을 잘 갖추었는가의 여부는 수업 효과를 좌우할 수 있는 중대한 조건이다. '종이상자로 가구 만들기' 수업을 스스로 결정한 학급에서는 종이상자를 준비하지 않은 학생이 네다섯 명에 불과했다. 그러나 기존의 교과과정에 따라 수업하기로 했던 학급에서는 수업을 예고하고 준비물을 잘 챙겨올 것을 당부했음에도 전체 학생 중 단 7명만이 종이상자를 준비해 왔으며, 준비물을 챙겨 온 학생들 역시 마지못해 상자 몇 개를 준비했을 뿐이었다.

네 번째는 수업내용의 순서를 정하는 문제였다. 어떤 내용을 먼저 가르쳐야 할까? 그는 학생들이 매시간 수업이 끝나기 전 다음 시간에 배울 내용을 투표로 결정하는 것을 가장 좋아한다는 사실을 알게 되었다. 학생들은 다음 시간의 수업내용을 결정하기 위해 미리 교재를 살펴보고 마음에 드는 내용을 선택한 뒤, 다수결로 최종결정을 내리는 데 합의했다.

이 방법을 선택하기까지 그는 학생들과 함께 여러 가지 방법들을 고려해보았다. 다수가 원하는 내용 선택하기, 학급구성원들이 차례대로 돌아가며 선택하기, 제안된 안건에 대한 찬반투표하기 등 다양한 방법이 거론되었다. 이 밖에도 조별활동을 할 때 가장 열심히 하는 조의 의견을 따르자고 하거나 선생님의 결정에 따르자는 의견도 있었다. 여러 방법 중 우선 배우고 싶은 내용이 있는 학생이 내용을 건의하고, 학급학생들이 찬반투표를 하여 건의안으로 채택하기로 했다. 그리고 이런 식으로 몇몇 건의안을 선정한 후 최종적으로 가장 많은 학생이 지지한 내용을 배우기로 했다.

한 번은 이런 일도 있었다. 어떤 학생이 첫 수업 시간부터 교과내용의 가장 마지막 내용인 '내가 좋아하는 새 만들기'를 배우고 싶다는 의견을 냈다. 그 학생은 수업 시간마다 자기가 배우고 싶은 내용을 제안하고 다른 학생들을 설득하는 데도 항상 적극적이었다. 그러나 평소 열심히 공부하는 학생이 아니었던 탓에, 다른 학생들은 그 학생의 의견에 별로 귀를 기울이지 않았다. 그 학생은 개학한 지 두 달이 지날 때까지도 자신이 제안한 단원을 배우지 못하자 마음이 급해졌는지, 결국 집에서 혼자 새를 만들어 학교에 가져왔다. 다음 수업내용을 정하는 시간에 그는 그 학생이 만들어 온 새를 그 반 학생들에게 보여주었고 학생들은 예쁘게 만들어진 새를 보고 저마다 하나씩 만들어 보고 싶어 했다. 결국 만장일치로 다음 시간의 수업내용이 결정되었다. 그 학생은 자신의 의견이 채택되자 크게 기뻐했다.

학생들이 좋아하는 내용을 먼저 배울 수 있도록 해 주는 것만으로도 수업태도는 획기적으로 변화했다. 그는 단순히 학생들이 원하는 수업을 들을 수 있게 해주었을 뿐이지만 뜻밖에도 학생들의 적극성과 주도성을 향상시키는 성과를 얻었다. 사실, 그가 직면했던 문제의 합리적인 해결책은 이미 장자가 살았던 시대에 나와 있었다. 《장자》「제물론편」에는 다음과 같은 일화가 있다.

어느 해 흉년이 들어 양식이 부족해지자, 원숭이를 기르던 사람이 원숭이들에게 이렇게 말했다. "양식이 부족하니 이제부터는 먹는 양을 줄여야겠다. 앞으로는 도토리를 아침에 3개, 저녁에 4개씩 주겠다." 원숭이들이 화를 내며 말했다. "너무 적습니다! 어떻게 아침이 저녁만도 못합니까?" 원숭이를 기르는 사람은 얼른 말을 바꾸어 이렇게 말했다. "그럼 아침에 4개, 저녁에 3개를 주면 어떻겠느냐?" 이 말을 들은 원숭이들은 아침이 저녁보다 더 많아졌으므로 자기들이 이겼다고 생각해 크게 기뻐했다.

사실 원숭이들이 하루에 먹는 도토리의 전체 양은 전혀 변하지 않았다. 하지만 아침에 3개, 저녁에 4개를 주는 방법(朝三暮四)과 아침에 4개, 저녁에 3개를 주는 방법(朝四暮三)의 효과는 확연히 다르다. 앞선 이야기에서 교사가 학생들에게 좋아하는 내용을 먼저 배울 수 있는 결정권을 준 것 역시 이와 동일한 원리를 적용했다고 할 수 있다.

장자는 이를 통해 다음과 같은 결론을 내렸다. "조삼이든 조사이든 명실이 바뀐 것은 없다. 다만 받아들이는 사람의 감정에 따라 기쁨과 분노로 표출될 뿐이다. 이는 사람들이 자신의 관점만이 옳다는 편견을 갖고 있기 때문이다."[1]

원숭이들이 먹는 도토리의 양이라는 본질에는 변화가 없어도, 그 사실을 받아들이는 원숭이들의 관점에 따라 반응은 크게 달라진다. 실질적으로는 차이가 없는데 한 편의 조치에는 좋아하고, 다른 한 편의 조치에 대해서 싫어하는 것은 무슨 이유일까? 결국 자신이 옳다(是)고 믿는 것에 구애되기 때문이 아닐까? 그래서 옛 성인들은 옳고 그름(是非)의 구별을 가리지 않고, 모든 것을 자연의 조화(天均) 그대로에 맡기고 유유자적하는 삶을 살았다. 이를 가리켜 사물과 내가 모두 있어야 할 자리에 있어 자연스럽게 발전한다고 한다.[2]

목표를 이루기 위한 방법은 하나가 아니다. 목표를 향해 직진하는 방법이 안 통한다면 방법을 바꾸는 것도 괜찮다. 조삼모사이든 조사모삼이든, 어쩌면 우회하는 방법은 통할지도 모를 일이다.

'장린'이라는 한 여성이 근무하는 회사의 사장은 태도나 업무처리 방식이 독단적이었다. 그녀가 막 회사에 입사했을 무렵 동료들이 말하길 사장은 터무니없는 업무를 지시하는 경우가 많은데, 이때 절대로 이의를 제기해선 안 된다고 했다. 만일 누가 이의를 제기하기라도 한다면,

---

1) 名實未虧而喜怒屬用, 亦因是也.
2) 모든 모순과 대립이 모순 그대로 긍정되고, 대립하는 그대로 의존하는 무한히 자유로운 경지. 바로 이 같은 경지를 가리켜 장자는 '양행兩行'이라고 했다.

그 사람은 장렬한 최후를 맞는 그날까지 사장의 피비린내 나는 탄압에 고통 받게 된다고 했다.

입사하고 얼마 지나지 않아 사장은 새로 창간된 잡지의 발행량을 늘리기 위한 대책을 마련하기 위해 전 직원회의를 소집했다. 회의에서 사장은 장린에게 이렇게 말했다. "2주 동안 기획부 전 직원은 전부 밖으로 나가서 잡지를 팔도록 하게! 또 전 직원의 가족에게도 잡지 구매를 독려하게. 직원 가족이면 반값으로 구입할 수 있다는 것도 알려주도록 하고!"

회의가 있은 다음 날, 장린은 사장실을 찾아갔다. "사장님, 야근까지 하면서 어제 말씀하신 잡지의 노상판매에 관한 기획서를 완성했습니다. 노상판매 때 사용할 현수막, 광고전단, 직원 유니폼 등 세부사항들까지 모두 기획안에 포함했습니다. 그리고 보고서 마지막 부분에는 이번 활동관련 예산안도 첨부해 두었습니다. 예산이 많이 들 것 같지만, 일단 하기로 했으면 할 수 있는 데까지는 해봐야 제대로 된 홍보효과를 볼 수 있다고 생각합니다. 사장님 결재만 떨어지면, 저희 부서의 전 직원이 당장 움직이겠습니다."

현명한 장린은 정면공격이 아닌 우회전술로써 사장의 독단에 대항했다. 겉으로는 사장의 명령에 적극적으로 따르는 것처럼 행동했지만, 사실상 전혀 실현가능성 없는 기획안을 제출한 것 자체가 이미 '이 계획은 불가능합니다'라는 무언의 암시를 전달하는 것이나 마찬가지였다. 이렇게 해서, 장린은 사장의 위신을 세워주는 동시에 자신의 의견도 관철시킬 수 있었다.

직장인들 사이에 유행하는 우스갯소리 중 이런 내용이 있다.

- *사장은 절대 잘못을 하지 않는다.*
- *사장의 잘못을 발견한다면, 분명 내가 잘못 본 것이다.*
- *내가 잘못 본 것이 아니라면, 사장은 분명 내 잘못 때문에 실수한 것 뿐이다.*
- *사장이 잘못을 했더라도 본인이 아니라고 끝까지 잡아떼면, 잘못은 없었던 일이 된다.*
- *사장이 인정하지 않는데 내가 끝까지 그의 잘못을 고집한다면 그것은 바로 내 잘못이다.*
- *어쨌든 '사장은 절대 잘못을 하지 않는다'라는 이 말은 절대 틀리지 않는다.*

당신이 아무런 힘도 없는 일개 직원의 입장이라면 상사의 잘못에 어떻게 대처해야 할까? 직접적으로 상사의 잘못을 지적하기보다는, 상사 스스로 잘못을 깨닫게 하는 것이 최선일 것이다.

세상에는 좋은 의도를 가지고 시작하는 일들이 많지만, 방법이 적절하지 않으면 오히려 상대를 불편하게 하거나 씁쓸함만을 안겨줄 수도 있다. 그러므로 좋은 의도로 시작했더라도 시기와 상황에 적절한 방법이 더해졌을 때, 비로소 가장 이상적인 성과를 얻을 수 있다.

평범한 대다수 사람을 원숭이에 비유한다면, 극소수의 뛰어난 이들은 원숭이들을 다룰 수 있는 사육사에 비할 수 있다. 같은 현상을 시간이나 위치만 미묘하게 바꾸어 놓는다고 속아 넘어가지 마라. 또한 주위의 비난이나 칭찬에 기분이 쉽게 좌우되지 않도록 하라. 잠시 정신을 가다듬고 냉정히 생각해 보면, 곧 이것이 바로 '조삼모사'와 '조사모삼'의 이치임을 깨달을 수 있을 것이다.

▌솔개의 마음, 원추의 마음

○ **혜자가** 양나라 재상으로 있을 때, 장자가 그를 만나러 갔다. 그런데 어떤 사람이 혜자에게 이렇게 말했다. "장자는 분명 그대의 재상 자리를 빼앗으려고 오는 것입니다." 이 말에 놀란 혜자는 사흘 밤낮에 걸쳐 도성 안을 샅샅이 뒤져 장자를 찾게 했다. 그런 일이 있은 뒤 어느 날 장자가 홀연히 혜자 앞에 나타나 이렇게 말했다. "남쪽 나라에 원추라는 봉황새가 있는데, 이 새에 관해 들어본 적이 있는가? 그 새는 남해에서 북해까지 멀고 먼 길을 날아가는데, 오동나무가 아니면 쉬지 않고 대나무 열매가 아니면 먹지 않고, 단 샘물이 아니면 마시지 않는다네. 이때 마침 솔개가 썩은 쥐를 얻었는데 원추가 그 곁을 지나가게 되었다네. 솔개는 머리 위로 지나가는 원추를 보고는 모처럼 얻은 먹이를 빼앗길까 두려워 '히–히–히아' 하는 울음소리로 원추를 위협하며 쫓아버리려고 했다네. 지금 자네도 그 솔개처럼 양나라 재상자리를 빼앗길까 봐 나를 위협하려는 것인가?"

– 《장자》 「추수편」

혜자가 양나라 재상으로 있을 때, 장자가 그를 만나러 갔다. 그런데 어떤 사람이 혜자에게 이렇게 말했다. "장자는 분명 그대의 재상 자리를 빼앗으려고 오는 것입니다." 이 말에 놀란 혜자는 사흘 밤낮에 걸쳐 도성 안을 샅샅이 뒤져 장자를 찾게 했다. 그런 일이 있은 뒤 어느 날 장자가 홀연히 혜자 앞에 나타나 이렇게 말했다. "남쪽 나라에 원추鵷鶵라는 봉황새가 있는데, 이 새에 관해 들어본 적이 있는가? 그 새는 남해에서 북해까지 멀고 먼 길을 날아가는데, 오동나무가 아니면 쉬지 않고 대나무 열매가 아니면 먹지 않고, 단 샘물이 아니면 마시지 않는다네. 이때 마침 솔개가 썩은 쥐를 얻었는데 원추가 그 곁을 지나가게 되었다네. 솔개는 머리 위로 지나가는 원추를 보고는 모처럼 얻은 먹이를 빼앗길까 두려워 '히-히-히아'[1] 하는 울음소리로 원추를 위협하며 쫓아버리려고 했다네. 지금 자네도 그 솔개처럼 양나라 재상자리를 빼앗길까 봐 나를 위협하려는 것인가?"

1) 하嚇 – 중국어는 허(he)로 발음된다.

이 이야기는 부귀공명에 눈먼 자들을 신랄하게 풍자함으로써 공명이나 관록에 연연하지 않는 장자의 태도를 보여주고 있다. 또한 이 이야기에는 여러 가지 흥미로운 점들이 있다.

첫째, 이야기가 의외의 방향으로 전개된다. 자신이 높은 관직에 있을 때 둘도 없이 가까운 친구가 찾아온다면 보통은 반갑고 기쁠 것이다. 물론 혜자 역시 장자가 자신을 보러 온다는 소식을 들었을 때에는 그런 기분이었다. 하지만 곧 다른 사람의 이간질에 넘어가 장자를 의심하기 시작했고 급기야는 사람들을 동원하여 성안을 수색하기까지 하면서 어떻게든 장자가 자신의 자리를 넘보지 못하게 위협하려 했다. 그런데 장자의 반응은 어떠했나? 그 위협에 놀라 몸을 숨기거나 도망쳤을까? 아니다. 오히려 자진해서 당당하게 혜자를 찾아갔다. 그렇다면 장자는 혜자를 찾아가 욕심에 눈이 멀어 의리를 저버린 친구를 나무랐을까? 그것도 아니다. 장자는 친구에 대한 섭섭한 마음은 잠시 접어 두고 불쑥 '기이한 새' 이야기를 꺼냈다. 혜자는 장자의 마지막 결정적인 한 마디를 듣고 나서야 장자가 그 이야기를 통해 자신을 넌지시 꾸짖었음을 깨달았다.

둘째, 두 인물의 이미지가 선명한 대조를 이룬다. 혜자는 자신의 기준으로 장자를 판단하여 그 역시 높은 관직을 욕심낼 것이라고 생각했다. 그러나 장자는 세속에 초연한 강직함을 지닌 사람이었고, 세속의 공명을 '썩은 쥐'처럼 하찮게 여기며 오히려 피하지 못할 것을 걱정하는 사람이었다.

셋째, 적절한 비유를 활용하여 짧은 이야기만으로도 풍성한 의미전

달에 성공했다. 큰 뜻을 품은 고결한 사람과 이익에 연연해서 군자를 시기하는 소인을 각각 원추와 솔개에 비유하여 핵심을 예리하게 짚어 냈다. 유봉포劉鳳苞[2]는 《남화설심편南華說心編》에서 장자의 비유에 대해 이렇게 평했다. "의성어인 '하赫'[3]을 사용하여 솔개가 먹이를 빼앗길 것을 두려워하며 원추를 위협하려는 모습을 실제 그 소리가 들리는 듯한 착각이 들 정도로 생동감 있게 표현했다. 그야말로 절묘한 문장이다. 또한 이야기의 마지막 부분에서는 먹이를 빼앗기지 않으려고 원추를 위협하는 솔개와 양나라의 재상 자리를 대단하다고 여기는 혜자의 모습을 연관 지었다. 과연 누가 솔개이고, 누가 원추일까? 이 이야기를 통해 장자의 생각을 엿볼 수 있다. 이 이야기가 실화인지 아닌지는 알 수 없지만, 장자가 이를 통해 소인의 마음으로 군자의 마음을 헤아리려 하는 세상 사람들의 마음을 통쾌하게 폭로하고 풍자한 것은 틀림없다."

다음 이야기 역시 모든 일을 자기 기준으로 생각하고 판단하려는 사람들을 풍자할 때 자주 인용된다.

늙은 소가 무거운 쟁기를 끌며 밭을 갈고 있었다. 네 발은 진흙탕을 밟으며 머리의 뿔이 거의 땅에 닿을 정도로 허리를 구부리고 몸을 움츠려 안간힘을 다하고 있었다. 지친 소는 급기야 피를 토하고 말았다. 이때, 이 광경을 지켜보던 들쥐가 말했다. "분명 어디선가 훔친 보

2) 1821~1905. 중국에서 '《장자》산문연구의 집대성자'로 평가받는 학자다.
3) '두려워하다, 위협하다'의 두 가지 뜻이 있다. 중국어는 허(he)로 발음된다.

물을 끌고 가고 있는 것이 틀림없어. 남들에게 들키면 안 되니까 저렇게 땅속에 묻어서 가는 거야. 머리의 날카로운 뿔 역시 주인을 해치려고 준비한 것이 틀림없어. 입에서 피를 토하는 것을 보니 이웃집 암탉을 훔쳐 먹고는 아직 소화가 덜 된 모양이군. 조물주는 어째서 소에게는 저런 건장한 몸을 주고, 우리 들쥐에게는 이렇게 왜소한 몸을 준 걸까? 인간들도 참 이상하지. 소들은 좋아하면서 들쥐는 지독히도 혐오하니 말이야. 조물주나 인간이나 모두 불공평해!"

직장에 능력 있는 부하가 들어오면 혹시라도 자기 자리를 위협할까 봐 두려워 온갖 방법으로 부하를 괴롭히는 상사들처럼, 현대사회에는 혜자나 솔개, 들쥐처럼 자신의 기준으로 남을 판단하는 사람들이 부지기수다. 그러나 거대한 바위도 봄비 뒤에 돋는 죽순을 누를 수는 없다. 온갖 방법을 동원하여 방해한들 새싹이 돋는 것을 막을 수 있겠는가? 상사는 어떻게든 부하직원을 억누르려고 할 것이 아니라, 자신보다 더 뛰어난 부하직원이 능력을 발휘할 수 있도록 이끌어 주어야 한다.

도둑질에도 도道가 있다

○ **도척의** 부하가 도척에게 물었다. "도둑질에도 도가 있습니까?" 도척이 대답했다.

"어디를 간들 도가 없겠느냐? 남의 집에 감추어져 있는 재물을 짐작해 알아내는 것은

성聖이요, 먼저 들어가는 것은 용勇이요, 뒤에 나오는 것은 의義요, 도둑질을 해도 되는지

안 되는지를 아는 것은 지知요, 도둑질한 것을 고르게 나누는 것은 인仁이다. 이 다섯 가

지를 갖추지 않고서 큰 도적이 된 자가 세상에 하나도 없었다."

– 《장자》「거협편」

춘추시대 때, 도척盜跖이라는 유명한 도둑이 있었다. 어느 날 도척의 부하가 그에게 물었다. "인자하고 존귀하신 대왕님, 도둑질에도 도道가 있습니까?" 도척이 대답했다. "세상 모든 것에는 전부 도가 존재하며, 사람 역시 무슨 일을 하든 도에 따라야 한다. 세상 이치가 이러한데 우리 같은 도둑이라고 도가 없겠느냐? 아무런 근거도 없이 남의 집에 재물이 얼마나 감추어져 있는지 짐작할 수 있다면, 이런 도적은 '성인聖人'이라 할 수 있으며, 항상 남보다 앞장서서 남의 집에 들어가는 도둑은 '용자勇者', 남보다 뒤에 나오는 도둑은 '의사義士', 상황을 파악하여 도둑질을 실행에 옮길지 말지를 결정하는 도둑은 '지자智者', 도둑질한 재물을 항상 공평하게 나누어 갖는 도적은 '인자仁者'라 할 수 있다. 이 다섯 가지 도를 갖추지 못하면 절대 큰 도적이 될 수 없다."

위 이야기에서 도척은 도둑이 갖추어야 할 '도'와 유가에서 강조하는 '성인의 도(聖人之道)'를 동일시함으로써 유가의 허위의식을 풍자했다. 도척의 논리대로라면 '성인의 도'를 군자를 교육할 때 사용하면 군자가 성인으로 성장할 수 있지만, 이를 악인이 이용하면 역시나 이름을 날리는 대단한 도적이 될 수 있다. 세상에 성인은 적고 도적은 많은 것을 보면, '성인의 도'가 세상에 가져 온 이익은 적고 도리어 그것이 가져온 해악은 크다고 할 수 있다. 그러므로 장자는 다음과 같이 말했다. "성인이 죽지 않으면, 큰 도적이 그치지 않는다."[3] 장자는 허위로 가득한 '성인의 도'를 타파해야만 백성이 자연의 순리에 따라 살 수 있고 천하가 태평해진다고 생각했다.

도척은 노예봉기의 주도자로 통치계급의 억압에 굴복하지 않은 대표적 인물이었기 때문에, 역대 통치자들은 한결같이 그를 부정적으로 평가했다. 그러나 세속을 초월한 경지에 이르렀던 장자의 관점은 그들과 달랐다. "작은 도둑은 잡혀서 죽임을 당하지만, 큰 도둑은 제후가된다."[4] 장자는 이 같은 말을 통해 사회의 모순을 지적하고 도척을 동정했다. 또한 그는 '성인의 도'는 모든 이에게 명예와 이익을 추구하도록 가르치므로, 성인이 세상에 끼치는 해악은 도둑보다 훨씬 더하다고 했다.

당나라 때의 《규염객전虯髯客傳》[5]은 부자의 재물을 빼앗아 가난한 사람들을 구제하고, 재물보다 의리를 중시하는 의적들의 이야기다. 이 소설은 수나라 말엽, 양제煬帝가 향락에 빠져 헤어나지 못하는 사이 조

---

3) 聖人不死, 大盜不止.
4) 竊鉤者誅, 竊國者侯.
5) 당나라 말기, 두광정杜光庭이 지은 전기소설이다.

정 대신 양소楊素가 권력을 독점했던 시대를 배경으로 한다.

이정李靖[6]이 아직 평민 신분이었을 때 양소를 찾아간 일이 있었다. 양소의 시첩[7] 중에 이정의 뛰어난 재능을 흠모하는 이가 있어서 그날 밤 이정의 거처를 찾아가 그에게 몸을 의지했다. 이 시첩의 성은 장張이었지만, 양소의 집에서 붉은 먼지떨이를 들고 있었기 때문에 홍불[8]이라고 불렀다. 이정과 홍불은 사랑의 도피를 하던 중 우연히 객잔에서 규염객[9]을 만나게 된다. 규염객은 끝까지 이름을 밝히지 않은 채 자신의 성씨가 '장'이라는 것과 셋째 아들이라는 점만을 알려 주었다. 장씨라면 중국에서 가장 많은 성 씨이므로, '장삼張三'이라 불리는 사람은 헤아릴 수 없을 정도로 많았다. 그러나 그는 분명 범상치 않은 인물임이 틀림없었다. 그는 사람의 심장을 안주 삼아 술을 마시며 이렇게 말했다. "이것은 세상에서 가장 양심 없는 놈의 심장이오. 내 이놈을 10년 동안이나 원한을 품고 찾아 헤매다가 오늘에야 그 목을 베고 심장을 도려내어 그간의 원한을 씻었소."

당시는 천하가 대혼란에 빠져 곳곳에서 군웅들이 할거하던 때였다. 규염객 역시 본래는 중원中原의 패권을 장악하고자 하는 야망을 품고 있었지만, 진왕秦王 이세민李世民이야말로 하늘이 내린 진정한 천자임을 깨닫게 된 후 자신의 모든 재물을 이정에게 주며 이세민이 대업을 달

---

6) 당나라 초기의 대장大將으로 이세민을 도와 당나라를 건국했다.
7) 侍妾: 함께 있으면서 시중드는 첩
8) 紅拂: 붉은 먼지떨이
9) 옛날에는 구레나룻을 '규염虯髥'이라 불렀다. 즉, 구레나룻 수염을 기른 사나이라는 뜻이다.

성할 수 있도록 돕게 했다. 훗날, 이정은 규염객이 준 재물을 가지고 이세민을 도와 수나라 조정을 무너뜨리고 당나라를 세웠다. 그리고 천하가 태평해지자 규염객은 중국 국경 너머에 자신만의 왕국을 건설했다. 그는 배 수천 척과 병사 10여만 명을 이끌고 바다 위의 부상국扶桑國[10]을 공격하여 그 국왕을 죽이고 직접 왕위에 올랐다. 이정과 홍불, 그리고 규염객의 이야기는 희곡이나 소설은 물론 다양한 영상물로 제작되었으며, 이들 세 사람은 후대에 '풍진삼협'[11]으로 불리게 되었다.

《사기》「유협열전遊俠列傳」에도 많은 협객의 이야기가 등장한다. 당시 통치자들은 여기에 등장하는 협객 대다수를 모두 '도둑(大盜)'으로 취급했다. 그러나 그들은 도둑이라도 보통 도둑이 아니라, 도의道義를 목숨처럼 생각했던 '협객'이었다. 이에 사마천은 이들 협객의 도의를 기리기 위해 이 열전을 집필했다. 그는 각 시대 통치자들로부터 왜곡된 평가를 받고 배척당해야 했던 협객들의 이야기를 당대 영웅들의 이야기와 함께 기록했고 덕분에 오늘날까지 전해질 수 있었다. 이런 관점에서 본다면, 사마천의 「유협열전」은 유가의 도의에 대한 일종의 반어적 풍자 의도가 담겨 있다고 볼 수 있다.

---

10) 동쪽 바다 속에 있다는 상상의 나라다. 혹은 일본을 달리 일컫는 말로 사용하기도 한다.
11) 風塵三俠: 어지러운 세상의 세 협객

친구의 죽음에 노래를 부른 이유

○ **자상호와** 맹자반과 자금장, 이렇게 세 사람이 어울려 말했다. "누가 능히 사귐이

없는 자를 사귀고, 위함이 없는 자를 위할 수 있을까? 누가 하늘에 올라 안갯속을 노닐

며 무궁한 곳을 자유로이 돌아다니고 삶을 잊은 채 끝남과 막힘이 없을 수 있을까?" 세

사람은 서로 마주 보며 웃었다. 이들은 서로 막역지심이 되어 서로 벗이 되었다.

– 《장자》 「대종사편」

《장자》「대종사편」에는 자상호子桑戶, 맹자반孟子反, 자금장子琴張 세 사람이 나누는 대화가 나온다. " '누가 능히 사귐이 없는 자를 사귀고, 위함이 없는 자를 위할 수 있을까? 누가 하늘에 올라 안갯속을 노닐며 무궁한 곳을 자유로이 돌아다니고 삶을 잊은 채 끝남과 막힘이 없을 수 있을까?' 세 사람은 서로 마주 보며 웃었다. 이들은 서로 막역지심[1]이 되어 서로 벗이 되었다."

자상호, 맹자반, 자금장 세 사람은 좋은 벗들이었다. 그들은 이렇게 말했다. '숙능상여어무상여, 상위어무상위孰能相與於無相與, 相爲於無相爲.' 여기서 '숙孰'은 '누가'의 뜻이며, '상여相與'는 '서로 같다'는 뜻이다. '상相'[2]은 본래 도가에서 먼저 제기한 개념이지만, 훗날 불교 경전을 번역하는 과정에서 널리 사용되기 시작했다. 이 구절의 뜻을 해석하면, '누

---

1) 莫逆之心. 상대방이 어떤 말을 하고, 어떤 행동을 해도 내 마음에 거슬리지 않을 정도로 거칠 것 없는 마음을 말한다. 보통 둘도 없는 친구 사이를 막역지우莫逆之友라고 하며, 일반적으로 친한 친구 사이를 '막역'하다는 말로 표현할 때가 많다.

2) 오늘날의 뜻으로 풀어 말한다면, 어떤 의미가 자기 나름대로 받아들여져 형성된 '관념'이라 할 수 있다.

가 능히 사귐이 없는 자를 사귀고, 위함이 없는 자를 위할 수 있을까?' 즉 '누가 현상에 현혹당하거나 기만당하지 않을 수 있는가'라는 의미다. 만약 관념에 현혹되지 않을 수 있다면, 그것만으로도 이미 해탈의 경지에 이르렀다고 할 수 있다.

그러나 단순히 해탈의 경지에 이른 것만으로는 부족하다. 해탈의 경지에 도달한 자는 다시 속세로 돌아가 아직 세속에 살고 있는 중생들을 도와야 한다. 그러나 속세의 사람들과 같은 모습을 하고 살아갈지라도 마음만은 외물에 현혹되거나 얽매임이 없도록 해야 한다. 이는 공자의 유가학설에서 말하는 '뻔히 안 되는 줄 알면서도 굳이 하려는 것'[3]과는 다르다.

"누가 하늘에 올라 안갯속을 노닐며 무궁한 곳(無極)을 자유로이 돌아다니고 삶을 잊은 채 끝남과 막힘이 없을 수 있을까?"[4] '무극無極'이란 우주를 말한다. 그런데 장자는 이 무한한 우주가 마치 동전이라도 되는 양 손바닥 위에서 가지고 놀고 있다. 외물의 얽매임에서 벗어나야만 삶의 진정한 의의를 발견할 수 있다. 모든 생명을 주재하는 도는 무궁무진하다. 장자는 자연의 섭리를 있는 그대로 받아들일 뿐 그 무엇에 대해서도 한계를 정하거나 구분하지 않는다. 어느 누가 생명을 이렇게 대할 수 있을까?

"세 사람은 서로 마주 보며 웃었다. 이들은 서로 막역지심이 되어 서

---

3) 明知其不可爲而爲之. ─《논어》「헌문편」
4) 孰能登天遊霧, 撓挑無極, 相忘以生, 無所終窮?
5) 三人相視而笑, 莫逆於心, 遂相與友.

로 벗이 되었다."[5] 그 뒤에 이들은 어떻게 됐을까? 그로부터 얼마 지나지 않아, 자상호가 세상을 떠났다. 장례를 치르기 전 이 소식을 들은 공자는 제자 자공子貢을 보내 자상호의 장례 준비를 돕도록 했다. 그런데 자공이 그곳에 도착했을 때 맹자반과 자금장은 장례 준비를 하기는커녕, 한 사람은 노래를 짓고 또 한 사람은 거문고를 뜯으며 노래를 부르고 있었다. "아, 상호여, 상호여! 그대는 이미 참된(眞) 자네로 돌아갔는데, 우리는 아직도 사람으로 남아있구나!" 이 노래를 듣고 자공이 급히 그들에게 다가가 이렇게 말했다. "감히 물어보겠습니다. 세상을 떠난 이를 앞에 두고 이렇게 노래를 부르는 것이 예의에 맞는 행동입니까?" 두 사람은 서로 마주 보며 웃고는 별일 아니라는 듯 이렇게 말했다. "자네 같은 이가 어떻게 예禮의 진정한 의미를 알겠는가!"

위 일화에서 공자는 제자 자공을 보내어 고인을 애도하는 뜻을 전하고 물심양면으로 자공의 장례를 도와주도록 했다. 그런데 자공이 장례를 준비하는 곳에 도착했을 때, 자상호의 친구라는 두 사람은 눈물을 흘리며 울기는커녕, 악기를 연주하면서 함께 노래를 불렀다. 맹자반과 자금장은 친구의 죽음에 마음 아파하지 않았던 것이 아니다. 그들은 단지 슬픔을 표현하는 방식이 달랐을 뿐이다.

그러나 미성숙했던 자공은 그들을 이해하지 못하고 고인 앞에서 눈물을 흘리기는커녕 노래를 부르는 행동은 예의에 어긋난다고 지적했다. 이에 맹자반과 자금장은 서로 마주 보며 웃고는 이렇게 말했다. "자네 같은 이가 어떻게 '예'의 진정한 의미를 알겠는가!"

자공이 돌아가 공자에게 두 사람이 고인의 영정 앞에서 얼굴색 하나 변하지 않고 천연덕스럽게 노래를 부르던 상황을 설명했다. 그러나 그들의 마음을 헤아린 공자는 그들이야말로 예의를 비롯한 모든 범주의 속박에서 벗어나 이 세상 밖을 노니는 사람들이라고 생각했다. 반면 공자 자신은 여전히 세속의 범주에 머물러 있었다. 그래서 공자는 자공을 문상 보낸 자신의 생각이 모자랐음을 반성했다.

자공이 물었다. "그렇다면 선생님께서는 어떤 규범을 따르려 하십니까?" 공자가 말했다. "나는 하늘의 벌을 받은 사람이다. 세속을 벗어나고 싶어도 나갈 수 없는 운명을 지녔다. 그렇더라도 나는 너희와 함께 전력을 다해 최고의 '도'를 추구할 것이다."

자공이 물었다. "그 도를 추구하는 방법이 무엇입니까?" 공자가 대답했다. "물고기는 물에 따라 태어났고 사람은 도를 따라 태어났다. 물을 따라 태어난 물고기는 못을 파주면 살 수 있고, 도에서 자란 사람은 무위를 통해 삶의 안정을 얻을 수 있다. 그래서 물고기는 강과 호수에서는 서로 잊고, 사람은 도의 세계에서 피아彼我의 구분을 잊는다고 하는 것이다."

자공이 말했다. "선생님, 한 가지 더 여쭙고 싶은 것이 있습니다. '기인畸人'에 관해 알려 주십시오." 공자가 대답했다. "기인이란 보통 사람과는 다르지만, 하늘과는 같은 사람이다. 그러므로 '보통 사람이 보기엔 군자이지만, 하늘이 보기엔 소인이다'라고 하는 것이다."

자상호, 맹자반, 자금장은 서로 진정으로 뜻이 맞는 사람들이었다. 그렇기에 굳이 말로 표현하지 않아도 서로 마음으로 알 수 있는 경지에 이르렀다. 이것이 그들이 자연스럽게 가까운 벗이 될 수 있었던 이유다. 그들이 도달한 경지란 공자가 말한 속세 이외의 세계, 즉 세외世外를 말한다. 이 경지에 다다른 사람은 천지와 만물이 혼연일체가 되고 타인과 내가 서로 하나가 되므로, 삶과 죽음조차도 구분하지 않는다. 그러므로 삶을 기뻐하거나 죽음을 슬퍼하는 것과 같은 감정의 구분도 존재하지 않고, 삶과 죽음에 얽매이지 않으니 세속의 예의를 지켜야 할 필요성은 더더욱 느끼지 못한다. 맹자반과 자금장이 자상호가 죽은 뒤에도 눈물을 흘리며 슬퍼하지 않고 도리어 함께 노래를 했던 것은 바로 이런 연유에서다. 그래서 그들은 고인에게 실례되는 행동을 했다고 여기지 않았을 뿐만 아니라, 도리어 그들의 행동을 질책한 자공이 진정한 예의 의미를 모른다고 조소할 수 있었다.

세상 밖에서 유유히 노닐면 왜 삶과 죽음을 더 이상 구분하지 않게 될까? 바로 관점에 변화가 생기기 때문이다. 세속의 눈으로 세상을 바라보면 돋보기로 보는 것처럼 시간은 길어지고 공간은 넓어진다. 이 때문에 사물과 사물 간의 차이가 더욱 두드러지게 되고 삶과 죽음, 그리고 이것과 저것을 다르게 인식하게 된다. 반면, 세속을 초월한 눈으로 우주 밖에 서서 세상을 보면, 마치 구름 속에서 지상의 개미왕국을 관찰하는 것처럼 아무것도 보이지 않는다. 그렇다 보니 당연히 개미의 생사를 구분할 수도 없고, 이것과 저것의 차이를 구분할 필요도 없어진다.

그런데 왠지 모르게 장자의 우화 속에는 공자가 자주 등장한다. 그리고 장자는 작은 일화들을 활용하여 공자를 풍자하거나 비꼬는 경우가 많다. 그러나 공자 역시 대성인大聖人이었기에, 이미 마음은 세속을 초월해 있었다. 공자는 장자와 같이 세속을 초월한 도가 사상가들의 생각을 충분히 이해하고 있었지만, 단지 자신의 이상에 따라 목표를 이루고자 마땅히 해야 할 일을 하고자 했을 뿐이다. 그런 점에서 봤을 때 장자가 세속을 추구하는 공자의 이상을 하찮게 여겼다고 할 수 있다. 그러나 장자 역시 줄곧 '뻔히 안 되는 줄 알면서도 굳이 하려는 것'의 도리를 잘 알고 있었다. 다만 그는 이런 도리를 따르지 않았을 뿐이다. 사상가들이 보통 사람들과 다른 점은 바로 여기에 있다. 그들은 외물에 얽매이지 않고 흔들림 없이 자신의 길을 간다.

2

세상이 괴롭히지
못하는 사람

장자는 세속의 그 무엇에도 의존하지 않고,

'천지 본연의 모습에 따라 자연과 하나가 되는 것'을 인생의 최고 경지로 보았다.

그는 이 경지에 이른 사람을 다음과 같이 묘사했다.

"세상 그 무엇도 그를 다치게 할 수 없다.

장마로 큰 홍수가 나서 그 물이 하늘까지 차도 물에 빠지지 않으며,

큰 가뭄에 쇠와 돌이 녹아 흐르고 흙과 산이 탄다 해도 뜨거움을 느끼지 않는다.

자연의 섭리에 따르므로 슬픔이나 기쁨 따위의 감정이 끼어들지 못한다.

또한 세상 모든 것을 가슴에 담고 있으면서도 그것이 있는 듯 없는 듯,

되는 것도 안 되는 것도 없이 그 무엇에도 연연해 하지 않는다.

무엇이든 자신을 위해 이용하려 하지 않고 저마다 제구실을 하도록 내버려둔다."

▍인생 최고의 환희를 모르는 사람들

○ **장자는** 나비가 되는 꿈을 꾸었다. 나비가 되어 훨훨 날면서도 자기가 장자임을 깨닫지 못했다. 그러다 문득 깨어나 보니 자신은 틀림없는 장자가 아닌가! 도대체 장자가 나비가 된 꿈을 꾼 것인가 아니면 나비가 장자가 된 꿈을 꾼 것인가? 장자는 장자이고 나비는 나비다. 장자와 나비는 분명히 구분할 수 있기에 이들은 확실히 다른 존재다. 이를 가리켜 물화라고 한다.

– 《장자》「제물론편」

영화 〈매트릭스〉에서 네오는 자신과 스미스가 본래 하나이며, 어느 한 쪽이 없으면 세상의 파멸과 인간의 불행을 불러온다는 것을 알게 된다. 네오는 기계들이 통제하는 매트릭스로부터 인간 해방을 이끌 존재이며, 스미스는 매트릭스의 세계에 대항하는 인간들을 색출하는 임무를 맡고 있다. 이 둘은 본래 서로 견제하는 하나의 존재이며, 반드시 하나로 합쳐져야 할 운명을 가진 존재다. 이 영화는 현실과 가상을 구분하기 어려운 세계를 창조하는 동시에, 인간의 진정한 실존은 무엇인가에 관한 심오한 의문을 제기하고 있다.

'나'라는 존재는 외물과 구별되는 것이 당연하다. 한편, 이 둘을 비교할 때 나와 외부세계는 밀접한 관계를 형성한다. 가령 타인의 존재가 없다면, 어떻게 자아의 존재가 성립할 수 있겠는가?

어느 날 장자는 어렴풋이 잠들었다가 자신이 나비가 되어 하늘을 훨훨 자유롭게 날아다니는 꿈을 꾸었다. 그는 나비가 되어 노니면서 자신이 장자라는 사실마저 잊고 말았다. 그러다 문득 깨어 보니 자신은 틀림없는 장자가 아닌가. 도대체 장자가 나비가 된 꿈을 꾼 것인가 아니면 나비가 장자가 된 꿈을 꾼 것인가? 장자는 장자이고 나비는 나비다. 장자와 나비는 분명히 구분할 수 있기에 이들은 확실히 다른 존재다.

춤추며 노는 나비와 꼼짝 않고 자는 장자, 자유자재로 춤추며 나는 것과 정신력을 소모하는 명상 중 어느 것이 진짜 장자이며, 장자 자신은 어느 것이 자신의 본질이길 원했던 것일까? 자유자재로 춤출 수 있는 나비와 달리 꼼짝 않고 누워 있는 장자의 모습은 무기력하게 보인다. 그러나 장자는 뛰어난 사고력을 가지고 있다. 이것이 바로 장자라는 몸을 가진 존재의 본질이다. 하지만 장자가 나비에 미련을 둔 것인지 아니면 나비에 미혹된 것인지는 알 수 없다. 인간의 실존은 대체 어떻게 표현되는 것일까?

나비이든 장자이든 모든 존재는 자유로운 음과 양의 양면, 즉 모든 사물은 서로 의존하는 동시에 배척하는 관계에 있다. 장자가 잠들지 않았더라면 춤추며 나는 상상을 할 수 있었을까? 몽상이 없었다면 사색에 빠질 수 있었을까? 나비는 장자의 자유로운 내적 사고가 외적인 형태로 표현된 것이며, 장자 자신은 나비를 만들어 낸 물질의 기초다. 외물과 생각은 하나의 존재가 가진 양면이며, 단 한 순간도 분리될 수 없다. 꿈속의 나비가 제아무리 아름다운들 그 꿈을 꿀 육체가 있어야 하고, 그 육체가 줄곧 꼼짝 않고 누워 있기만 한다면, 장자는 한낱 노인에 지나지 않는다.

《장자》에서는 전편에 걸쳐 외물과 자아의 관계인 '막연함(迷惘)-분명

함(分明)'의 과정을 서술한다. 자아가 외물을 돌보는 것일까, 외물이 정신을 돌보는 것일까? 장자는 이 같은 의문에 해답을 찾고자 밤낮으로 고민한 끝에 마침내 그것을 꿈속에서 나비로 형상화했고 또한 비몽사몽 중에 나비를 자아로 승화시켰다.

《장자》에서의 물화物化는 결코 사람들이 추구하는 물질적 이익을 최대화하는 것을 말하지 않는다. 그것은 일종의 물아일체의 정신세계다. 이는 외물과 자아, 객관과 주관, 또는 물질계와 정신계 등이 어울려 하나가 되므로, 외물로 인해 기뻐하거나 자아로 인해 슬퍼하는 일이 없는 경지를 의미한다. 장자가 꿈속에서 나비로 변한 것은 결코 모호하고 어리둥절한 상태가 아니라 정신의 경지가 승화된 결과다. '장자는 새벽 꿈속에서 나비에 미혹되었다(莊生曉夢迷蝴蝶)'에서 '미迷'는 불분명하거나 몽롱하다는 뜻이 아니라, 물아일체, 즉 자연과 혼연일체가 되어 자유롭고 유유자적함을 체험하는 것이다.

중고中古시대 일본예술가들은 선종禪宗의 영향을 크게 받아 자연을 숭배하고 물아일체의 초탈한 체험을 추구했다. 대자연의 번성과 변화는 그들에게 비할 수 없는 큰 기쁨을 안겨 주었다. 일본의 하이쿠(俳句)[1] 명인 마쓰오 바쇼(松尾芭蕉)는 말했다. "마땅히 순리에 따르고 순리로 돌아가라." 만물이 소생하는 봄이 오자 그는 이렇게 읊었다.

■ 1) 일본의 단시短詩. 17세기 마쓰오 바쇼가 새롭게 도입한 시 형식이다. 익살스러움을 배제하고 17자로 응축시킴으로써 적막하면서도 우아한 분위기를 자아냈다.

아아, 고귀하도다.

푸른 잎 어린잎에

비치는 햇빛[2)]

바쇼는 가슴이 벅차오르는 경이로움을 담아 봄날 햇볕 아래 녹음과 신록을 묘사했다. 녹음과 신록은 바쇼의 하이쿠 속에서 생명력을 얻었고, 바쇼는 영원불변의 자연 속에서 그 생명의 가치를 이어갔다. 그 외에도 12세기 일본의 대大시인 사이교(西行) 법사는 벚꽃이 만발한 벚나무를 바라보면서 장자가 나비의 꿈을 꾸었던 것과 같은 물아일체의 경지를 체험했다.

요시노 산(吉野山) 등성이에 핀 꽃을 본 그날부터

마음은 몸을 따르지 않게 되었도다.[3)]

사이교는 홀로 외로이 산속에 은거하여 살면서 때때로 적막함을 즐기며 기쁜 마음으로 이렇게 읊었다.

---

2) 何等尊貴 靑葉嫩葉 在日光下
3) 自見彼花之日 心已離身而去. "요시노 산 등성이에 핀 벚꽃의 아름다움에 감동했던 날부터 벚꽃을 그리워하는 자기 마음은 마치 몸에서 떠나가 버린 것 같다는 것인데, 이 시대의 사람들은 영혼이 다른 것을 애타게 그리워할 때면 몸에서 분리되어 그것을 '동경하는 것'이라고 생각하고 있었던 것이다. 벚꽃이 너무나 아름다워서 자신의 영혼은 자기를 떠나 벚꽃 주변을 맴돌고 있다는, 꼭 사랑에 마음을 빼앗긴 것 같은 그런 상태를 노래한 것이다." 《청빈의 사상》 p194-195 (나카노 고지 저, 서석연 역, 자유문학사, 1993) (부분 인용-옮긴이)

찾아오는 사람 끊어진 산골마을,
고독마저 없다면
살기 더욱 힘들어라. [4]

때때로 그 역시 지루함을 느낄 때면, 이렇게 말했다.

쓸쓸한 생활을 잘 견디는 사람이 또 한 사람 있기를
그런 사람이 있다면 작은 집 나란히 짓고 살 것을
이 겨울 산골에서 [5]

이 두 편의 와카(和歌)[6]를 읽고 나면, 나도 모르게 티 없이 맑은 마음을 지닌 이 사랑스러운 노인을 좋아하게 된다. 사이교 역시 바쇼의 존경을 받을 만큼 물아일체의 경지에 도달한 인물임에 틀림없다.

사람이 살아 있는 한, 매 순간 눈앞에 나타나는 모든 것은 실존체다. 꽃잎이 날리고 낙엽이 지는 모습에 영혼이 감동하는 순간이야말로 진정 운치 있는 광경이다. 꽃잎이 흩날려 물 위에 떨어지면, 그 순간 모든 것이 일단락 지어진다. 그리고 그와 동시에 풍아한 마음 역시 현실에서 의지할 곳을 잃어버려 종적을 찾을 길이 없어진다. 마음을 붙잡

---

4) 三村無人訪 若無寂寞 豈堪居住
5) 但望還有人 堪耐淸寂 同結草庵 冬日山村. 《절대지식 일본고전》(7장 시가문학) 중 p609 (마쓰무라 아키라 등저, 윤철규 역, 이다미디어, 2011) (와카 해석 인용—옮긴이)
6) 일본의 전통적인 정형시다. 와카는 '일본노래'라는 뜻으로 헤이안 시대에 한시漢詩와 구분하기 위해 생겨났다. 하이쿠와 함께 일본의 대표적인 시가 문학 장르다.

을 수 있는 것은 바로 '이 순간'뿐이다.

  마음이 맞아 늘 의기투합하던 마쓰오 바쇼와 모리카와 교리쿠(森川許
六)[7], 두 사람이 마지막으로 만났던 날, 그들은 어쩌면 서로 다시는 만
나지 못하리라는 것을 예감하고 있었는지도 모른다. 하지만 그들은 그
슬픔을 겉으로 드러내지 않았다.

  어둠이 두 사람의 슬픔을 감추어주듯 조용히 내려앉았다. 마쓰오는
제등提燈을 들고 달무리에 기대어 그와 작별인사를 나누었다. 짙은 어
둠이 사방을 뒤덮었지만, 두 사람의 마음은 오히려 한층 더 환하게 빛
났다.

  재물이나 명예, 욕망 따위에 쉽게 현혹되는 보통 사람들은 이 두 사
람의 마음을 이해하기 어렵다. 사람 사이의 관계를 중시한다면 각종
어지럽고 번잡한 정보에 휘둘리다가, 결국 자아를 잃게 된다. 의기투
합하던 오늘의 친구가 내일의 적이 되기도 하고, 그 반대가 되기도 한
다. 이처럼 친구나 적이 되기를 끊임없이 반복하는 과정은 마치 애주
가가 술에 만취하여 환상을 좇는 것과 같은 모습니다.

  사람들은 속세의 진탕을 벗어나길 갈망하지만, 정작 그들의 두 발
은 이미 속세의 혼탁한 진창에 빠져 있다. 그렇기에 《쓰레즈레구사(徒
然草)》[8]의 "목숨이 붙어 있다는 기쁨을 매일매일 즐겨야 하지 않겠습니

  7) 오미히코네(近江彦根)의 무사로 마쓰오의 제자였다.
  8) 일본 중세 초기 요시다 겐코(吉田兼好)가 지은 수필집이다. 인생무상을 주제로 존재의 덧없음과 과거에 대
     한 깊은 향수의 쓸쓸한 정조를 잘 표현한 수필로 평가받는다.

까"라는 구절에 담긴 심오한 의미를 이해하지 못한다.

나카노 고지(中野孝次)의 《청빈의 사상》에는 이런 글귀가 있다.

"불분명하고 추상적인 표현방식은 결코 현대인들을 만족시킬 수 없다. 아무리 높은 가치를 지닌 물건도 그 가치를 실질적인 화폐가치로 환산하여 알려주지 않는다면, 사람들에게 그것은 아무 가치도 없는 것과 마찬가지다. 사람들에게 그 가치를 알려주기 위해서는 아이들의 학습능력, 예술적 자질은 물론 생활수준에 이르기까지 모든 것을 숫자로 환산하여 설명해야만 하며, 그 숫자가 클수록 사람들을 더 안심시킬 수 있다. 오늘날 인류의 수명은 평균 70세를 넘을 정도로 길어졌지만, 단순히 신체적 생명의 연장이 무슨 의미가 있겠으며, 또 얼마나 큰 가치를 지닐 수 있겠는가? 생명의 진정한 의미는 각자가 지닌 정신세계에 대한 충실도에 따라 결정될 뿐, 숫자와는 아무런 관계도 없다."

▌의지할 것이 있으면 얽매인다

○ **"열자는** 바람을 타고 편하게 다니다가 보름이 지나서야 땅 위로 돌아왔다. 그는 바

람이 편하게 복을 가져다줄 것을 바라며 그것에 연연하지는 않았다. 이는 스스로 걷는 불

편은 면했다고는 해도 여전히 의지하는 것이 있으므로 진정한 자유를 얻었다고 할 수 없

다. 그러나 만약 천지의 본연의 모습을 따르고 자연의 변화에 순응하며 무한의 세계에서

노니는 자가 된다면 그 무엇에도 의지하지 않게 된다. 그래서 열자는 이렇게 말했다. '지

인에게는 자기가 없고, 신인에게는 공적이 없으며, 성인에게는 명예가 없다.'"

– 《장자》「소요유편」

"외물의 아름다움 때문에 기뻐하지 않으며, 자신의 불행 때문에 슬퍼하지도 않는다."[1] 이 구절에는 명리와 세속을 초월한 성현의 마음가짐이 깃들어 있다. 이들에 비하면 우리는 지극히 평범한 보통 사람에 지나지 않는다. 언제나 복잡한 세상사에 휘둘리며 살아가고 때로는 기뻐하고 슬퍼하며, 또 때로는 화내고 괴로워하며 실의에 빠져 낙담한다.

"세월은 새가 나는 듯 재빠르게 지나간다."[2] 시간은 우리를 기다려주지 않고 생명 역시 마찬가지다. 그렇다면 세상사의 복잡한 실타래를 풀 방법은 없을까? 우리는 삶에서 무엇을 확신할 수 있을까? 인생에서 무엇을 얻을 수 있을까? 생명의 가치와 의의는 또 어디에 있을까? 인생의 최고 경지란 과연 무엇일까?

---

1) 不以物喜, 不以己悲. 북송의 유명한 정치가이자 문학가이며 교육자인 범중엄范仲淹의 《악양루기岳陽樓記》 중 한 구절이다.
2) 年光似鳥翩翩過. 송나라 시대, 승려 지문志文의 〈서각西閣〉 중 한 구절이다.

왕궈웨이(王國維)[3]는 자신의 저서 《인간사화人間詞話》에서 문학 창작의 세 가지 경지를 다음과 같이 표현했다.[4]

첫 번째는 '어젯밤의 서쪽 바람에 푸른 나무가 시들었는데, 홀로 높은 누각에 올라 하늘 끝까지 닿은 길을 하염없이 바라보는 경지'[5]이며, 두 번째는 '옷과 허리띠가 점점 느슨해져도[6] 끝내 후회는 없고, 그를 위하여 사람이 초췌해 가는 경지'[7], 마지막 세 번째는 '그대 찾아 무리 속을 천 번 백 번 헤매었건만, 문득 고개를 돌려보니 그대는 등불이 희미한 곳에 서 있는 경지'[8]다.

위와 같은 문학 창작의 경지는 인생의 세 가지 경지와도 일맥상통

---

3) 1877~1927. 청나라 말기, 중화민국 초기 시대의 고증학자이자, 중국 최초의 개화 문학비평가다. 청대의 이론은 물론 서양철학, 미학이론 및 방법 등을 수용하여 중국의 경학經學·희곡·소설·사詞 등에 탁월한 연구업적을 남겼다. 대표적인 저서로는 《인간사화》가 있다.

4) 왕궈웨이의 세 가지 경지를 표현하는 문구는 전부 송사宋詞에서 따왔다. 다만, 그 의미는 송사에서 쓰인 직접적인 의미와는 약간은 다른 의미를 나타낸다.

5) 獨上高樓, 望斷天涯路. 안수晏殊의 《접련화蝶戀花》 중 한 구절이다. 원래는 가을에 나뭇잎도 다 떨어진 날에 홀로 높은 누각에 올라서 산과 물과 끝없이 이어진 길을 바라본다는 의미다. 나뭇잎이 다 떨어졌으므로 길이 잘 보였을 것이다. 왕궈웨이는 여기서 높은 곳에 올라서 나뭇잎과 같이 가리는 것들을 다 치운 상태에서 길이 어디로 이어져 있는지를 다 살펴보고, 가야 할 길이 어디인지를 명확하게 알게 되는 것을 학문이나 사업의 첫 번째 경지로 생각하였다. 즉 추구하는 목표를 분명히 하고, 그 목표에 도달하기 위한 길이나 방향이 어떤지도 명확하게 인식하는 것이다.

6) 몸이 마르기 때문에 옷과 허리띠가 느슨해지는 것이다.

7) 衣帶漸寬終不悔, 爲伊消得人憔悴. 북송의 유영柳永의 《접련화蝶戀花》 중 한 구절이다. 본래 《송사》에서는 작가의 '그'에 대한 애달프고 깊은 사랑과 그 고통, 그리고 후회 없음을 뜻했다. 하지만 왕궈웨이는 여기서 '그'를 남자나 여자가 아니라, 학문이나 사업이 도달하고자 하는 목표로 바꿔서 목표를 이루려면 잠자는 것도 먹는 것도 잊고 노력해야 한다는 것을 표현했다.

8) 衆里尋他千百度, 驀然回首, 那人却在燈火闌珊處. 남송의 신기질辛棄疾의 《청옥안靑玉案》 중 한 구절이다. 원래는 구정 전날 밤에 절에 가서 님을 찾으려고 여기저기 찾아 헤매다가 어느 순간 뒤에서 오는 느낌이 이상하여 뒤를 돌아보니 그가 불빛이 희미하게 비치는 곳에 서 있더라는 내용이다. 왕궈웨이는 이를 세 번째 경지, 즉 마지막 경지로 승화시켰다. 즉, 정신을 집중하여 부단히 연구하고 노력하게 되면, 자연히 어느 순간 깨닫고 발견하고 발명하게 된다는 것이다.

한다. 첫 번째는 '관찰(察)'의 경지로서, 이 경지에 있는 자는 눈으로 볼수는 있되, 다만 자신이 본 것만을 전부라고 믿는다. 이는 인생에서 가장 낮은 수준의 경지이며, 이때에 풍부한 경험을 쌓고 자신을 단련하면 훗날 외물을 꿰뚫어 볼 수 있는 예리한 안목을 갖추는 바탕을 닦을 수 있다.

두 번째는 '깨우침(悟)'의 경지로서, 직접 체험을 통해 깨우침을 얻고자 노력하는 경지다. 여기에 이르려면 자신이 본 것만이 전부가 아니라, 그 이면에 존재하는 본질을 간파하는 안목을 키워야 한다. 이 단계는 개인적인 깨우침을 얻는 경지로서, 이 경지에 이르면 상당히 높은 수준에 들어섰다고 할 수 있다.

세 번째는 '인연(緣)'의 경지로서, 사람과 운명이 서로 의기투합하여 인연이 만들어지는 경지다. 자연의 섭리에 따라 살면 물이 흘러 도랑을 이루듯, 인생 역시 적절한 때에 다다르면 모든 일이 자연히 이루어진다는 것이다. 그러나 모두가 이 경지에 도달할 수 있는 것은 아니다.

사람들은 인생을 살면서 운명이 베푼 자비에 감사하기도 하고, 때로는 그 무상함을 원망하기도 한다. 그러다 나이가 들어 죽음이 가까워질 때 즈음 인생을 되돌아보면, 우리가 지나온 인생의 매 순간들이 놀라울 정도로 자연스러웠으며, 한 치의 오차도 없이 정확한 과정이었음을 알게 된다.

왕궈웨이의 세 가지 경지가 현실적인 지혜로 충만하다면, 장자의 '경지'사상은 현실에 초연하여 물아일체를 이루며, 전자보다 훨씬 대범하고 자유롭다고 할 수 있다.

《장자》「소요유편」에 담긴 독특한 멋과 분위기를 음미하다 보면, 자유에 대한 장자의 열렬한 사랑을 절로 느끼게 된다. 그가 추구했던 자유는 보통의 평범한 자유가 아니었다. 그는 유한한 인생에서 무한의 경지에 도달하기를 바랐으며, 정신적인 세계에서 무한히 유람하며 삶과 죽음을 초탈하고자 했다.

마음속 이상향을 향해 곧장 달려가면, 다른 것은 모두 사라지고 오직 아무런 구속 없는 자유로움만이 존재하게 된다. 하지만 장자가 추구하는 자유로움은 그 경지가 우리가 짐작하는 수준을 뛰어넘는다. 그가 추구하는 자유란 세상의 그 어떤 것에도 전혀 구애받지 않는 진정한 자유이다.

광대한 하늘과 땅, 우주에 비하면 인간이란 모든 생명체 중에서도 지극히 하찮은 존재이다. 자유는 막연하고 비현실적인 것 같지만, 그럼에도 장자는 흔들림 없이 자유로워지고자 했기에 명예나 공적, 자신의 육체에 집착하지 않는 경지에 도달할 수 있었다. 그는 자유롭게 생각의 나래를 펼치며, 삶과 죽음의 슬픔과 기쁨을 초탈했다. 그는 자신의 자유로운 정신적 세계에서 자유로이 노닐면서 더 이상 세속의 부질없는 명예나 번잡스러운 삶에 얽매이지 않았고 또한 허식과 외물에 얽매이는 일도 없었다.

"지인에게는 자기가 없고, 신인에게는 공적이 없으며, 성인에게는 명예가 없다."[9] 이 구절은 장자가 「소요유편」에서 제기한 도가 최고의 인생 경지다. 장자는 '지인至人, 신인神人, 성인聖人'이라는 세 인격 중에서도 '지인'을 최고의 경지로 본다.

장자는 세상에는 모순하거나 대립하는 것으로 보이는 양면성이 있는데, 그것은 상대적이고 상호의존적으로 생겨나는 것이므로, 그중에서 어느 한쪽만을 옳다고 집착하지 말아야 한다고 생각했다. '지인에게는 자기가 없다'라는 말은 바로 이 같은 대립면, 즉 편견을 버리고 소위 '내가 나라는 것을 잊는'[10] 경지에 도달한 것이다. 장자는 이 같은 이유로 지인을 세 인격 중 최고 경지에 이른 자로 보았다.

장자가 생각하는 지인이란 바로 도가의 창시자인 '노자'다. 노자는 '자연의 섭리에 따르므로 슬픔이나 기쁨 따위의 감정이 끼어들지 못하는'[11], 이미 자신이 존재하지 않는 무기無己의 경지에 이르러 있었다. 그러므로 '무공無功', '무명無名'한 신인이나 성인보다 더 높은 경지에 있었음이 당연하다.

장자가 말한 '무명無名'이란 자아自我와 비아非我의 대립을 말하는 것으로써, 공을 세워 자신의 이름을 드러내려는 마음, 즉 공명심功名心을 버리는 것을 의미한다. 남을 위해 선행을 베풀었을 때, 자신도 마땅히 대가를 받아야 한다는 생각이 들었다면, 이는 사실상 자아와 비아의 대립이 일어난 것이다. 그래서 장자는 좋은 의도로 남을 생각해주거나 돕는 일 역시 명리名利를 추구하는 행동이라고 보았다. 이는 인의로써

---

9) 至人無己. 神人無功. 聖人無名.
10) 吾喪我. - 《장자》「제물론편」
11) 安時而處順. 哀樂不能入也. - 《장자》「양생주편」

세상을 바로잡겠다고 하는 것 자체가 자신이 옳고 세상이 잘못되었다고 생각하며 자신을 세상과 대립시켰기 때문에 가능한 것이다.

'무공無功'이란 비아非我와 비아非我의 대립을 말한다. 마치 물과 불의 관계처럼, 여기에는 옳고 그름의 구분이 없다. 자연의 순리에 따르면 결코 그릇되는 일이 없고, 자연의 순리를 거스르면 어떤 일이든 잘못된다. 그러므로 "사물을 초월하여 마음을 노닐게 해야 한다."[12] 사물을 초월한다는 것은 곧 자연의 섭리에 따른다는 뜻이다.

'무기無己'란 자아와 자아 간의 대립을 타파하는 것이다. 세상 사람들이 서로 속고 속이는 암투로 고통 받는 것은 바로 '소아小我'가 존재하기 때문이다. '무기'는 바로 이 같은 '소아'를 타파하는 것이다. 그렇다면 과연 '나(我)'란 무엇일까? "인간으로 육신을 받아 태어나서 삶을 지고 괴로워하다 늙음을 맞아 편히 되고, 죽어 쉬게 되는 것, 이것이 인간의 일생인 만큼 삶을 좋은 것으로 긍정하는 것과 마찬가지로 죽음 또한 긍정하지 않으면 안 된다."[13]

장자는 노자의 사상을 계승하여 한층 더 발전시켰으며, 도道를 우주의 최고 실체로 보았다. 도는 인간의 감각기관으로는 파악할 수 없는 물건이 아닌 존재(非物)이며, 만물보다 앞서서 존재하는 정신적 본체다. 그래서 모든 사물은 도에서 생겨난다. 그러므로 장자는 세상의 모든

---

12) 乘物以游心. - 《장자》「인간세편」
13) 夫大塊載我以形, 勞我以生, 佚我以老, 息我以死. 故善我生者, 乃所以善吾死也. - 《장자》「대종사편」

차별은 사라질 수 있으며 만물 역시 모두 통합되어 하나가 될 수 있다고 생각했다. 즉 사물(物)을 잊고 나를 잊으며, 사물과 나의 구분이 모두 사라진다. 이것이 바로 장자가 말하는 도의 경지다.

"무명, 무공, 무기하면 그 무엇에도 구애받지 않고 자유롭게 노닐 수 있다."[14] 이는 장자가 추구했던 것이 바로 자유였음을 말해준다. '노닐다(游)'라는 말은 개념상 이것과 저것을 구별하는 절대적 기준을 타파하고, 서로 간의 전환을 강조하고 있다.

그렇다면 장자가 추구했던 '절대자유'란 무엇일까? 장자는 「소요유편」에서 이렇게 말했다.

"열자列子는 바람을 타고 편하게 다니다가 보름이 지나서야 땅 위로 돌아왔다. 그는 바람이 편하게 복을 가져다줄 것을 바라며 그것에 연연하지는 않았다. 이는 스스로 걷는 불편은 면했다고는 해도 여전히 의지하는 것(바람)이 있으므로 진정한 자유를 얻었다고 할 수 없다. 그러나 만약 천지 본연의 모습을 따르고 자연의 변화에 순응하며 무한의 세계에서 노니는 자가 된다면 그 무엇에도 의지하지 않게 된다. 그래서 열자는 이렇게 말했다. '지인에게는 자기自己가 없고, 신인에게는 공적이 없으며, 성인에게는 명예가 없다.'"[15]

여기서 장자는 열자 역시 절대자유의 경지에는 이르지 못했음을 지적했다. 열자가 '바람을 타고 편하게 다니며 걸어 다니는 불편은 면했

---

14) 無名, 無功, 無己, 可逍遙游.
15) 夫列子御風而行, 泠然善也, 旬有五日而後反. 彼於致福者, 未數數然也. 此雖免乎行, 猶有所待者也. 若夫乘天地之正, 而御六氣之辯, 以遊无窮者, 彼且惡乎待哉! 故曰: 至人無己, 神人無功, 聖人無名.

다'는 말은 그가 '세속을 초월하여 자연의 순리에 따랐다'는 뜻이며, '바람이 편하게 복을 가져다주기를 바라며 그것에 연연하지는 않았다'는 것은 그가 명리에 얽매이지 않았음을 뜻한다. 그러나 장자는 열자 역시도 '여전히 바람에 의지하고 있기 때문에' 절대자유의 경지에 도달하지는 못했다고 했다. 이처럼 장자는 조금이라도 의지하는 존재가 있는 한 완벽한 절대자유의 경지에는 이를 수 없다고 보았다. 즉, 그는 세상 그 무엇에도 의지하지 않고 오로지 '천지의 바른 기운을 타고 여섯 가지 기운의 변화를 다스리면서 무한의 세계에서 노니는' 경지의 절대적 자유를 추구했던 것이다.

이 같은 경지에 도달하기 위해서는 '지인, 신인, 성인'처럼 세속의 부나 명예, 권력으로부터 자유로워야 한다. 즉 공명과 관록에 집착하지 않고 비방과 칭찬을 따지지 않아야 하며, 모든 공명을 허황한 것으로 보아야 한다는 것이다. 또한 자신의 육체 역시 허황한 존재임을 알고 '나'라는 존재에 집착하지 말아야 한다. 이렇게 될 때, 우리는 '도'와 하나가 되어 절대자유의 경지, 즉 '소요유逍遙游'의 최고 경지에 도달할 수 있다.

장자는 이렇게 말했다. "나는 지금 조물주와 더불어 노니는 사람이 되려고 하는 중이다. 싫증이 나면 아득히 멀리 나는 새를 타고 세상 밖으로 날아가 무한한 세계에서 노닐며 한없이 넓은 들에서 살고 싶다."[16]

---

16) 予方將與造物者爲人, 厭則又乘夫莽眇之鳥, 以出六極之外, 而遊無何有之鄉, 以處壙垠之野. ─《장자》「응제왕편」

장자는 세속의 그 무엇에도 의존하지 않고, '천지 본연의 모습에 따라 자연과 하나가 되는 것'[17]을 인생의 최고 경지로 보았다. 그는 이 경지에 이른 사람을 다음과 같이 묘사했다. "세상 그 무엇도 그를 다치게 할 수 없다. 장마로 큰 홍수가 나서 그 물이 하늘까지 차도 물에 빠지지 않으며, 큰 가뭄에 쇠와 돌이 녹아 흐르고 흙과 산이 탄다 해도 뜨거움을 느끼지 않는다."[18] "자연의 섭리에 따르므로 슬픔이나 기쁨 따위의 감정이 끼어들지 못한다."[19]

또한 이러한 사람은 마음이 겸허하고, 마음속에 인간의 허망함이나 자신의 추악함을 비춰볼 수 있는 거울을 가지고 있는 것과 같은 공명 空明의 경지에 있다. 또한 세상 모든 것을 가슴에 담고 있으면서도, 그것이 있는 듯 없는 듯, 되는 것도 안 되는 것도 없이 그 무엇에도 연연해 하지 않는다. 무엇이든 자신을 위해 이용하려 하지 않고 저마다 제 구실을 하도록 내버려둔다. 그는 "하늘과 땅의 바른 기운을 타고 여섯 가지 기운의 변화를 다스리면서 무궁함에서 노닐 것이다."[20]

장자는 절대자유를 추구했다. 다시 말해 인간의 삶과 정신이 외물 또는 외부의 통제에 속박되지 않는 완전한 자유, 좀 더 명확히 말하면 독립된 정신적 자유를 누리는 경지를 말이다. '소요'[21]는 무엇과도 비할 수 없을 정도로 어떤 것에도 전혀 구애받지 않는 자유로운 인생의

■ 17) 獨與天地精神往來. -《장자》「천지편」
　　18) 物莫之傷, 大浸稽天而不溺, 大旱金石流, 土山焦而不熱. -《장자》「소요유편」
　　19) 安時而處順, 哀樂不能入也. -《장자》「대종사편」
　　20) 乘天地之正, 而禦六氣之辯, 以遊無窮. -《장자》「소요유편」
　　21) 逍遙: 자유롭게 노닌다

경지이다. 이 같은 경지에 이르기 위해서는 세상 그 무엇에도 의존하지 않는 절대적 자유가 전제되어야 한다. 의존하는 것이 있는 사람은 그것에 얽매여 자신의 몸과 마음을 구속하게 되므로, 결국 자유와 해탈을 얻을 수 없다. 그러므로 장자가 노니는 것(游)은 진정한 세계가 아니라, '마음에 구속받는 것이 없는 상태(游心)'를 말한다. 이 같은 인생관은 우리의 삶 곳곳에 지혜의 빛을 비추어 준다. 명예와 공적, 그리고 자신에게조차도 구애받지 않으며 거리낌 없이 솔직한 자유로움을 누리는 사람, 이것이 바로 내가 생각하는 장자다.

당신의 길을 가라, 비교하지 말고

"**사람이** 습한 곳에서 자면 요통에 시달리거나 반신불수가 되지만, 평생을 진흙 속에서 사는 미꾸라지도 그러한가? 사람이 높은 나무 위에서 잔다면 두려워 벌벌 떨겠지만 원숭이도 그러한가? 과연 이들 중 누구의 생활습성을 기준으로 삼을 수 있겠는가? 사람은 고기를 먹고 사슴은 풀을 먹으며, 지네는 뱀을 먹고 부엉이는 쥐를 먹는다. 과연 이들 중 누가 진정한 맛을 알고 있다 할 수 있겠는가? 사람들은 누구나 서시를 미인이라 한다. 그러나 물고기는 그녀를 보면 놀라서 물속으로 깊이 들어가고 새는 하늘 높이 날아오르며, 사슴은 사방으로 흩어져 달아난다. 이들 중 누가 진정으로 세상의 아름다운 용모를 안다고 할 수 있겠는가?"

― 《장자》 「제물론편」

장자의 세계에서는 이것도 옳고 저것도 옳다.[1] 즉 내가 괜찮다고 생각한다고 다른 사람도 나와 같은 생각이리라 생각하면 큰 오산이다. 내가 소중히 아끼는 물건도 남에게는 한낱 쓰레기에 불과할 수도 있다. 《장자》「제물론편」에서는 다음과 같은 일화를 들어 이 같은 이치를 설명했다.

설결囓缺이 왕예王倪에게 물었다. "스승님께서는 만물에 공통된 기준이 있다고 생각하십니까?" 설결은 어릴 적에 앞니가 부러지는 일이 있었기 때문이었는지 훗날 그가 허유許由의 스승이 되고 허유가 요堯임금의 스승이 된 후에도 사람들은 변함없이 그를 설결이라고 불렀다. 물론 설결에게도 스승이 있었다. 그가 바로 이 일화에 등장하는 왕예다.

왕예가 대답했다. "내가 그것을 어떻게 알겠는가!" 설결이 다시 물었다. "스승님께서는 만물에 공통된 기준이 있음을 알고 계십니까?"

---

1) 此亦一是非, 彼亦一是非. - 《장자》「제물론편」. 이것에도 또한 하나의 옳고 그름이 있고, 저것에도 또한 하나의 옳고 그름이 있다.

왕예는 또다시 이렇게 대답했다. "내가 그것을 어떻게 알겠는가!" 설결은 스승의 이 같은 대답을 듣고 추측하여 말했다. "그렇다면 세상 모든 존재는 알 수 없는 것이로구나!"

이에 왕예가 말했다. "내가 그것을 어떻게 알겠느냐마는 그래도 한 번 얘기해 볼 수는 있다. 하지만 내가 안다고 하는 것이 진정 모르는 것이 아닌 줄 어떻게 알며, 내가 모른다고 하는 것이 진정 아는 것이 아닌 줄 어떻게 알겠는가?"

시비를 잘 가려내는 사람은 자신의 의견을 말하기 전에 반드시 그 생각이 틀렸을 때를 대비하여 빠져나갈 구멍을 만들어 둔다. 그리고 이렇게 책임회피의 여지를 확보했을 경우에만 자기 의견을 밝힌다. 이 일화 속의 왕예 역시 이 같은 사전준비를 하고서야 자기 의견을 말했다.

"사람이 습한 곳에서 자면 요통에 시달리거나 반신불수가 되지만, 평생을 진흙 속에서 사는 미꾸라지도 그러한가? 사람이 높은 나무 위에서 잔다면 두려워 벌벌 떨겠지만 원숭이도 그러한가? 과연 이들 중 누구의 생활습성을 기준으로 삼을 수 있겠는가? 사람은 고기를 먹고 사슴은 풀을 먹으며, 지네는 뱀을 먹고 부엉이는 쥐를 먹는다. 과연 이들 중 누가 진정한 맛을 알고 있다 할 수 있겠는가? 사람들은 누구나 서시西施[2]를 미인이라 한다. 그러나 물고기는 그녀를 보면 놀라서 물속으로 깊이 들어가고 새는 하늘 높이 날아오르며, 사슴은 사방으로 흩

---

2) 중국 4대 미인 중 한 사람. 중국 춘추시대의 월나라 미인이다. 월나라의 왕 구천句踐이 오나라에 망한 뒤, 서시를 오나라 왕 부차夫差에게 보냈고, 부차는 서시에게 반하여 나랏일을 돌보지 아니하여 결국 구천과 범소백范少伯의 침공을 받아 멸망했다.

어져 달아난다. 이들 중 누가 진정으로 세상의 아름다운 용모를 안다고 할 수 있겠는가?"

이 세상 모든 존재에 동일하게 적용할 수 있는 판단기준이란 없다. 세상에 절대적인 기준이 어디 있겠는가?

《홍루몽紅樓夢》에는 임대옥林黛玉과 설보채薛寶釵라는 두 여성이 등장한다. 한 사람은 마음씨 곱고 다재다능했고 또 한 사람은 현모양처의 현숙함을 지녔다. 그리고 한 사람이 세외世外의 선녀라면, 또 다른 한 사람은 산속에 은거한 고결한 선비였다. 《홍루몽》의 저자는 두 사람 중 어느 한 쪽을 중요시하거나 가볍게 여기지 않고, 두 사람 모두의 모습을 통해 이상적인 여성상을 표현하고자 했다. 그러나 《홍루몽》을 읽은 독자 중에는 분명 총명하고 슬기로우며 가냘프고 연약한 아름다움을 지닌 임대옥을 더 좋아하거나, 비록 나이는 어려도 품성이 단정하고 건강하고 활달하며 자신의 본분에 맞고 시의적절하게 행동할 줄 아는 설보채를 더 좋아하는 이가 있을 것이다.

이는 모두 기준의 차이일 뿐이다. 같은 책을 읽어도 사람마다 감상이 다른 것처럼, 동일한 사물을 보더라도 사람들은 각자 자신의 경험을 토대로 서로 다른 결론을 내린다.

현대사회는 장자가 살았던 시대보다 훨씬 더 다원화되었고, 각자가 가진 다름을 좀 더 포용할 수 있게 되었다. 모든 생물은 '관용'에 의지하여 만들어진 조화롭고 유기적인 조직체다. 굳이 사소한 일들 때문에 서로 주먹다짐할 필요가 있을까? 겉치레에 불과한 부와 명예 때문에 눈물을 흘릴 필요가 있을까? 남의 말에 휘둘려서 마음속에 얽힌 감정들을 끊어 내버릴 필요가 있을까?

자신의 기준으로 남의 옳고 그름을 판단해서는 안 된다. 더욱이 남의 기준으로 자신의 옳고 그름을 판단하는 일은 해서는 안 된다. 루쉰(魯迅)은 이렇게 말했다. "너의 길을 가라. 남들이 무엇이라 하든 간에."[3]

내면의 소리에 귀 기울여 자신만의 기준을 찾는다면, 세상에서 길을 잃고 헤매지 않을 수 있다. 또한 우리 마음 역시 더 나은 평안과 자유를 얻게 될 것이다.

---

3) "Follow your own path, and let the others talk." 단테의 《신곡》 중에 있는 문장을 인용한 말이다.

고수해야 할 최후의 마지노선

○ 장자가 여유로운 태도로 태연히 말했다. "듣자하니 진나라 왕은 병이 나면 의원을 부르는데, 종기를 터뜨려 고름을 짜주는 이에게는 수레 한 대를 주고, 종기를 핥아 치료해주는 이에게는 수레 다섯 대를 준다고 하오. 치료하는 부위가 더러울수록 수레를 많이 준다던데, 설마 그대는 치질이라도 고쳤단 말이오? 어떻게 했기에 이토록 많은 수레를 받았단 말이오? 썩 물러가시오!"

– 《장자》「열어구편」

송나라에 조상曹商이라는 사람이 있었는데, 왕을 위해 진나라에 사신으로 가게 되었다. 그가 떠날 때 송나라 왕이 수레 몇 대를 주었는데, 진나라 왕 역시 그가 송나라로 돌아갈 때 수레 백 대를 선물로 주었다. 송나라로 돌아가던 중 장자를 만난 그는 장자를 비웃으며 이렇게 말했다. "비좁고 지저분한 뒷골목에 살면서 곤궁하여 짚신을 삼아 팔아 입에 풀칠이나 하며, 깡마르고 누렇게 뜬 얼굴로 지내는 데는 선생이 뛰어나지만, 천자天子를 깨우쳐 주고 수레 백 대를 받는 데는 제가 뛰어나지요."

그러자 장자가 여유로운 태도로 이렇게 말했다. "듣자하니 진나라 왕은 병이 나면 의원을 부르는데, 종기를 터뜨려 고름을 짜주는 이에게는 수레 한 대를 주고, 종기를 핥아 치료해주는 이에게는 수레 다섯 대를 준다고 하오. 치료하는 부위가 더러울수록 수레를 많이 준다던데, 설마 그대는 치질이라도 고쳤단 말이오? 어떻게 했기에 이토록 많은 수레를 받았단 말이오? 썩 물러가시오!"

한 번은 어떤 사람이 송나라 양왕襄王을 알현하고 수레 열 대를 상으로 받은 일을 장자에게 뽐내며 말했다. 그러자 장자는 이렇게 말했다.
"어느 강가에 갈대로 발을 짜서 겨우 생계를 유지하는 가난한 집이
있었다네. 어느 날 그 집 아들이 깊은 못에서 천금의 가치를 가진 귀
한 진주를 가져 왔는데, 그 아버지는 이를 보자마자 황망해하며 이렇
게 말했네. '어서 돌로 그 진주를 깨뜨려 버려라! 천금 값어치나 나가
는 진주란 반드시 깊은 물속의 검은 용의 턱밑에나 있는 물건이다. 네
가 그 진주를 가져올 수 있었던 것은 분명 그 검은 용이 잠시 잠을 자
고 있었기 때문이다. 만약 검은 용이 깨어 있었다면 네가 어찌 잡아먹
히지 않고 살아나올 수 있었겠느냐?' 지금 송나라를 알 수 없기는 아
홉 길 정도의 깊은 못에 그치는 정도가 아니며 송나라 왕의 사나움은
검은 용에 비할 바가 아니네. 자네가 수레를 받았다면 그것은 분명 왕
이 자고 있었기 때문일 것이네. 만일 왕이 깨어 있었더라면 자네는 벌
써 부서져 가루가 되었을 것이네."

　장자는 속세의 감정을 떠나 재물 보기를 돌 같이 했으며, 벼슬을 위
해 조정이나 권세가들에게 아첨하지 않음으로써 자신의 독립된 인격
과 존엄을 유지했다. 그는 제자들과 함께 산수풍경을 감상하며 자연을
음미하면서도 늘 가르침에 게으르지 않았고, 세상의 시름을 잊고 여유
로운 세월을 보내며 삶을 영위했다.

　지금 우리 주위에서도 조상과 같은 사람들은 쉽게 만날 수 있다. 재
물은 많은 사람이 그것을 꿈에 그릴 정도로 간절히 소망하게 만들기
도 하고, 오히려 거들떠보지도 않게 만들어 버리기도 한다. 그러나 재

물을 대하는 태도가 어떻든 우리는 결국 '돈이 전부는 아니겠지만, 그래도 돈이 없으면 아무것도 할 수 없다'는 현실을 인정할 수밖에 없다. 옛말에 '돈 몇 푼의 어려움이 영웅을 쓰러뜨린다'[1]라고 했고, 또 '아무리 솜씨 좋은 주부도 쌀이 없으면 밥을 지을 수 없다'[2]라고도 했다. 제아무리 고상한 사람이나 자존심 강한 사람도 일단은 살고 봐야 하며, 살기 위해서는 결국 돈 이야기를 피할 수 없다. 그래서 어떤 이들은 요행을 바라며 끊임없이 범죄를 저지르기도 하고, 타인의 눈물이나 고통에는 조금도 신경 쓰지 않고 돈을 긁어모은다. 또 어떤 이들은 고향을 등지거나 가족과 연을 끊으면서까지 돈을 위해 동분서주한다.

그런데 돈이 많아질수록 사람은 풍족해질까? 옛 가르침 중에 이런 말이 있다. "건강, 즐거움, 행복, 명예와 지위, 돈과 재물 등이 사람의 인생을 이루는 요소라고 본다면, 단연 건강이 최우선이다. 나머지는 건강에 뒤따르는 부수적인 요소들일 뿐이다. 건강하다면 나머지 요소들을 많이 가질수록 부유해질 수 있지만, 건강을 잃으면 나머지 요소들을 아무리 많이 가져도 아무런 소용이 없다."

또 이런 말도 있다. "군자도 재물을 좋아하지만, 그것을 취할 때에는 정당한 방법을 사용한다."[3] 이 말처럼 돈을 버는 데에도 올바른 원칙이 있어야 한다. 똑같이 돈을 벌어도 어떤 사람은 남들의 존경과 부러움을 사지만 어떤 사람은 욕먹고 멸시당한다. 왜 그럴까? 전자는 살기

---

1) 사소한 문제로 큰일을 진행하지 못하거나 완성할 수 없게 되었음을 비유한다.
2) 아무리 뛰어난 인재라도 필요한 여건을 갖추지 않고는 일을 성사시키기 어려움을 비유한다.
3) 君子愛財, 取之有道.

위해 돈을 벌지만, 후자는 돈을 위해 살기 때문이다.

인간의 존엄이 지닌 가치는 얼마나 될까? 사람들은 인간의 존엄에 어느 정도의 가치를 두고 있을까? 우리는 항상 자신의 존엄을 유지하는 최저선을 정해두고 그것을 굳게 지켜야 한다. 남들이 비웃고 무시하더라도 그것은 우리를 지탱해 주는 견고한 버팀목이 되어 줄 것이다.

《장자》에는 화려한 미사여구나 논리적인 설득, 복잡하거나 극적인 면이 없다. 다만 짧막한 이야기들을 들려주면서 자연스럽게 우리에게 인간 존엄의 중요성을 알려 줄 뿐이다. 같은 글을 읽어도 누가 읽느냐에 따라 각자가 느끼는 감상은 다르기 마련이다. 《장자》는 당신에게 무엇을 속삭이는가?

▌올가미와 토끼

○ **장자와** 혜자가 호숫가 둑길을 거닐며 이야기를 나누고 있었다. 그때 장자가 말했다. "물고기들이 유유히 헤엄을 치는군. 이것이 물고기의 즐거움이지." 그러자 혜자가 이렇게 말했다. "여보게, 자네가 물고기가 아닌데 어떻게 물고기가 즐거운 것을 아는가?" 장자가 말했다. "그럼, 자네는 내가 아닌데 어떻게 내가 물고기의 즐거움을 알지 못한다는 것을 아는가?" 혜자는 이렇게 말했다. "나는 자네가 아니라서 자네의 생각을 알 수가 없네. 마찬가지로 자네 역시 물고기가 아니니 물고기의 즐거움을 알지 못하는 것이 당연하지 않은가!" 장자가 말했다. "처음부터 차근차근 다시 생각해 보세. 자네는 내게 어떻게 물고기도 아니면서 그 즐거움을 아느냐고 물었네. 이는 자네가 이미 내가 그것을 알고 있음을 전제하고 물은 것이 아닌가?"

– 《장자》「추수편」

122

크레테 섬을 여행하던 한 관광객이 섬사람에게 길을 물었다. 섬사람은 친절하게 길을 알려주고 나서 이렇게 말했다. "크레테 섬사람은 모두 거짓말쟁이입니다." 순간 관광객은 섬사람의 말을 믿을 수도 안 믿을 수도 없어 그 자리에 멍하니 서 있었다.

섬사람의 말을 믿어야 할까 말아야 할까? 그의 말대로 크레테 섬사람이 모두 거짓말쟁이라면, 방금 길을 알려준 섬사람 역시 잘못된 길을 알려주었을지도 모른다. 또 만일 섬사람이 길을 제대로 가르쳐 주었다면, 섬사람은 모두 거짓말쟁이라는 말과 모순된다. 이것이 바로 언어가 인간에게 가져온 곤혹인 동시에, 논리적 사고로 해결할 수 없는 난제다. 이러한 궤변이라면 장자를 따를 만한 자가 없다.

어느 날 장자와 혜자가 호숫가 둑길을 거닐며 이야기를 나누고 있었다. 그때 맑은 호수 속을 자유롭게 헤엄치는 물고기를 본 장자가 이렇게 말했다. "물고기들이 유유히 헤엄을 치는군. 이것이 물고기의 즐거움이지." 장자의 교묘한 궤변에 늘 당해오던 혜자가 이 말을 듣고는 허허 웃으며 말했다. "여보게. 자네가 물고기가 아닌데 어떻게 물고기가 즐거운 것을 아는가?" 그는 혜자의 질문에 이같이 반박했다. "그럼, 자네는 내가 아닌데 어떻게 내가 물고기의 즐거움을 알지 못한다는 것을 아는가?"

혜자는 장자의 반박에 기다렸다는 듯이 이렇게 말했다. "나는 자네가 아니라서 자네의 생각을 알 수가 없네. 마찬가지로 자네 역시 물고기가 아니니 물고기의 즐거움을 알지 못하는 것이 당연하지 않은가."

장자가 눈을 깜빡이다가 곧 웃으며 말했다. "처음부터 차근차근 다시 생각해 보세. 자네는 내게 어떻게 물고기도 아니면서 그 즐거움을 아느냐고 물었네. 이는 자네가 이미 내가 그것을 알고 있음을 전제하고 물은 것이 아닌가?" 이 말에 혜자는 아무런 반박도 하지 못했다.

훗날 사람들은 혜자가 지나치게 고지식하고 융통성이 없었다고 생각했다. 그도 그럴 것이 장자의 교묘한 궤변에 이렇게 반박할 수도 있었기 때문이다. "자네는 내가 말했던 '그대는 물고기가 아니다'라는 전제를 일부러 모른 척하고 있다가, 두 가지 앎의 개념을 교묘하게 혼용한 것이 아닌가."[1]

그러나 이렇게 계속해서 꼬리에 꼬리를 물며 승강이를 벌일 혜자와

---

1) 혜자의 논리는 이렇다. "나는 네가 아니므로 네가 물고기를 아는지 모르지는 모르지만, 나는 바로 자신이므로 너를 모른다는 점을 알고 있으며(이 점은 알 수 있거나 혹은 긍정한다는 뜻이다), 너는 물고기가 아니므로 나는 네가 물고기를 모른다는 것을 안다." 그런데 장자는 이 두 가지 앎의 개념을 뒤섞어서 교묘하게 말했다. '알지 못 한다'는 말 속에서 '안다'는 것은 어떤 대상(물고기나 다른 것)을 안다는 뜻이고, 혜자가 뒤에서 말한 '안다'는 자기 자신을 안다는 뜻이기 때문이다. 이때 '안다'는 '어떤 것을 모른다'는 것을 안다는 뜻이다. 장자는 일부러 이 두 가지 '앎'의 내용을 뒤섞었다. 장자의 궤변을 뜯어보면 이렇다. 내가 모른다는 것을 네가 안다면, 너는 나를 안다는 말인데, 너는 내가 아니다. 따라서 나는 물고기가 아니지만, 물고기를 알 수 있다는 말이 된다. 여기서 '안다'는 것은 두 가지 의미로 사용되고 있음을 알 수 있다.

장자가 아니었다. 두 사람은 아무 말 없이 서로 웃고는 이내 둑길을 거닐며 물고기를 감상했다. 혜자와 장자의 논쟁은 혜자의 패배로 끝난 것이 아니다. 오히려 두 사람은 서로의 생각을 이해하고 있었다. 지혜로운 이들은 눈빛과 미소만으로도 대화를 나눌 수 있다. 불교에도 이와 비슷한 이야기가 있다.

부처께서 영산靈山에서 마지막 설법을 하실 때, 앞에 있던 연꽃을 대중에게 들어 보이셨다. 그러나 오직 제자 가섭존자迦葉尊者[2]만이 그 뜻을 알아듣고 조용히 미소 지었다. 훗날 사람들은 스승과 제자의 이심전심을 '염화일소만산횡拈花一笑萬山橫'이라는 시를 읊어 찬양했다.

부처와 가섭존자는 왜 조용히 미소 지었던 것일까? 두 사람은 어떤 말이나 동작도 없이, 단지 꽃을 들고 미소로 화답함으로써 도道의 영원한 사랑과 증오, 윤회, 슬픔과 기쁨, 괴로움과 즐거움의 극치에 도달했다.

광활한 우주 속에서 인간은 얼마나 미미한 존재인가. 또 사물이 끊임없이 생겨나고 번성하는 윤회의 관점에서 볼 때 지금 우리의 고민은 얼마나 하찮은 것인가. 장자는 물속을 유유히 노니는 물고기의 모습을 보고, 그들이 즐거울 것이라 말했다. 처음에 혜자는 그 말에 반박했지만 잠시 차분히 생각해 보니 장자가 바로 물고기이고, 물고기가 즐거우면 장자 역시 즐거운 것이며, 친구인 장자가 즐거워한다면 굳이 그

---

2) 석가의 십대 제자 중 한 사람이다. 석가가 죽은 뒤 제자들의 집단을 이끌어 가는 영도자 역할을 해냄으로써 '두타제일頭陀第一'이라 불린다.

흥을 깰 필요가 있을까 싶었던 것이다.

두 사람의 뜻이 서로에게 분명히 전해졌다면 굳이 많은 말로 설명할 필요가 없다. 진정한 오묘함은 꼭 말이 아닌 말하는 것과 말하지 않는 것 사이의 깨달음과 동의에 존재한다.

《장자》「외물편」에서는 이렇게 말한다. "통발은 물고기를 잡는 도구이지만, 고기를 잡고 나면 통발을 잊게 된다. 올가미는 토끼를 잡는 기구이지만, 토끼를 잡고 나면 올가미를 잊게 된다. 말은 뜻을 표현하는 도구이지만, 뜻을 표현하고 나면 말을 잊게 된다."[3]

'통발(筌)'이란 가는 댓조각이나 싸리를 엮어서 통같이 만든 고기잡이 도구이다. 배가 볼록한 모양이고 입구가 좁으며, 아가리에 작은 발을 달아 물고기들을 가운데로 몬다. 그래서 한번 들어간 물고기는 다시는 도로 나올 수 없다. 옛날 사람들은 둑 입구에서 이 통발을 사용하여 물고기를 잡았다. '올가미(蹄)'는 옛날에 토끼를 잡는 데 사용했던 도구이다. 새끼나 노 따위로 토끼의 발을 옭아매었기 때문에 '올가미'라고 불렀다. 새를 잡는 망을 가리키는 말로 사용하기도 한다. 장자는 통발과 올가미를 예로 들어, 목적을 이루면 그때까지 사용했던 수단을 내려놓아야 함을 말하고자 했다. 즉, 버스를 탈지 택시를 탈지 고민하다가 정작 어디에 가고자 했는지 본래의 목적을 잊지 말아야 한다.

본래 혜자와 장자는 함께 논쟁하기를 즐겼다. 그러나 어느 순간 두 사람은 '언어란 도를 구하기 위한 최종 목적이 아니라 수단에 지나지

---

3) 筌者所以在魚, 得魚而忘筌; 蹄者所以在兎, 得兎而忘蹄; 言者所以在意, 得意而忘言.

않는다'라는 데 생각이 미치게 되었다. 물고기를 잡는 통발이나 토끼를 잡는 올가미처럼 언어 역시 목적을 달성하고 난 뒤에는 그것에 과도하게 집착할 필요가 없다. 언어 자체를 지나치게 중시하다 보면, 본래 사람들 간의 의사소통을 가능하게 하고 사용되었던 언어와 변론이 도리어 삶을 압박하는 방해물이 된다. 고대 로마의 어느 현인賢人은 이렇게 말했다. "외부대상에 대한 독단적 판단을 유보할 때 우리 마음은 안정과 평화를 얻는다."[4]

잃고 얻는 것, 고통과 즐거움처럼 순간적인 존재에 집착하면 몸과 마음이 지칠 수밖에 없다. 그래서 겨우 이런 것을 위해 노력했나 하는 회의가 몰려오고 심지어 그 많은 노력과 희생을 감수하고도 원했던 것과 정반대의 결과를 얻기도 한다. 그렇다면 어떻게 해야 할까? 인생에는 퇴로退路가 없다. 자신을 속이든가 선택적으로 잊으려 노력하든가, 둘 중 하나를 선택할 수밖에 없다. 대다수 사람은 이렇게 생각한다. '이제까지 얼마나 노력했는데, 지금 그만두면 전부 헛수고가 되잖아!' 그래서 이미 투자한 것들에 미련을 버리지 못하고 본래의 목적마저 잊는다. 논쟁 역시 마찬가지다. 논쟁을 계속하다 보면 결국은 본래 논쟁을 시작했던 목적과 주체를 잊은 채 승부에만 집착하게 된다. 다행히 장자와 혜자는 시기적절하게 논쟁을 멈추고 계속해서 유유자적함을 즐겼다. 부처와 가섭존자는 서로 마주 보며 웃었고, 속세의 일들에

■ 4) 피로니즘Pyrrhonism. 사물의 객관적 본질은 파악할 수 없는 불확실한 것이라고 생각하는 태도나 경향이다. 그리스 철학자 피론Pyrrhon을 시조로 하는 회의주의의 철학 및 정신으로, 피론은 모든 판단을 보류하여 무심한 마음의 평정을 얻어야 한다고 주장했다.

연연하지 않았다. 오직 속세를 살아가는 우리만이 여전히 갈피를 잡지 못하고 공연히 분주하게 움직일 뿐이다.

알렉산드로스 시대 때, 디오게네스Diogenes라는 그리스의 철학자가 있었다. 그는 세속에 구애받지 않고 오로지 자신의 신념에 따라 행동하는 인물이었다. 그는 '개 같은 삶'을 추구했기 때문에 키니코스 Cynikos[5]라고 불렸다. 그는 당대의 종교, 예절은 물론 의식주 생활과 관련된 가치관이나 풍습을 거부하면서, 누더기를 걸치고 거지처럼 구걸을 하며 평생을 통(큰 항아리) 속에서 살았다고 한다. 향락을 좋아하지 않는 사람이 있다는 사실을 믿을 수 없던 알렉산드로스는 직접 디오게네스를 찾아가 확인해 보기로 했다. 알렉산드로스는 그의 거처를 찾아갔다. 디오게네스는 알렉산드로스를 보고도 아무런 반응도 보이지 않았다. 알렉산드로스는 내심 불쾌했지만, 미소를 가장하며 그에게 물었다. "존경하는 철학가 선생, 어떻게 내가 다스리는 영토 안에서 지혜로운 학자가 굶주림에 고통 받는 가난한 생활을 하며 살게 할 수 있겠소. 원하는 것이 있다면 무엇이든 말해보시오." 디오게네스는 살며시 눈꺼풀을 들어 올리며 나른한 목소리로 대답했다. "그럼 햇빛 좀 막지 말고 비켜 주시오."

---

5) 키니코스학파Cynics. 명예와 부를 멀리 하고 자연과 일체된 삶을 강조했던 고대 그리스의 금욕주의 학파다. 키니코스 Kuvikoi는 그리스어로 '개Kuvoζ'라는 단어에서 유래한 까닭에 견유학파犬儒學派로 부르기도 한다.

▍장수의 비결

○ "제가 얻은 결과는 도이며, 기술보다는 우월한 경지입니다. 처음 소를 잡을 때에는 소의 겉모습만 눈에 보일 뿐, 어디서부터 손대야 할지 몰랐습니다. 그러나 3년이 지나자 소의 겉모습이 사라지며 그때부터 완전한 소의 모습이 보이는 일이 없어졌습니다. 지금은 오직 정신으로 소를 대할 뿐, 눈으로 보지 않습니다. 눈으로 보는 것에 의지하지 않고 정신의 자연스러운 작용에 따라 움직일 뿐입니다. 자연의 섭리에 따라 큰 틈새로 들이밀고 빈 곳에 칼을 놀리고 움직여 소의 몸이 생긴 그대로를 따라갑니다. 그러므로 아직 힘줄이나 근육을 베는 일이 없습니다. 더구나 큰 뼈에 닿지 않습니다."

– 《장자》「양생주편」

건강하게 오래 사는 것은 예로부터 모든 인류가 꿈꿔 온 소망이다. 어떻게 해야만 천수를 누리며 건강하게 살 수 있을까? 사실, 가장 중요한 방법은 양생[1]의 도를 열심히 배우고 실천에 옮기는 것이다. '득도'[2]란 양생을 실천하는 사람들이 추구하는 양생의 최고 경지라 할 수 있다. 그렇다면, 또 '도道'란 무엇일까? 도의 경지를 말로 설명하기는 어렵다. 이에 장자는 다음과 같은 이야기를 통해 도의 경지를 설명하고자 했다.

「양생주편」에서 장자는 '포정해우庖丁解牛'[3]에 관해 이야기했다. 포정庖丁이 양나라 혜왕惠王[4]을 위해 소를 잡게 되었다.[5] 포정이 소의 몸에

---

1) 양생養生. 「양생주편」에서 장자는 양생을 '생명을 기르는 일'이라는 철학적 입장으로 설명했다. 일반적으로는 건강과 관련된 실천적 행동과 사상적 관념을 개괄하여 중국에서 사용하는 말이 바로 '양생'이다. 즉, 양생이란 각종 방법을 통해 자신의 생명을 보존하고 체질을 증강하며 질병을 예방하는 일련의 심신단련 행위를 가리킨다. 양생의 범주에는 심신을 조절하는 내면적 활동에서부터 음식섭취와 운동을 포함한 적극적인 신체활동이 포함된다.
2) 得道: 깨달음을 얻는 것
3) 솜씨가 뛰어난 포정(백정)이 소의 뼈와 살을 발라낸다는 뜻으로서, 신기에 가까운 솜씨를 비유하거나 기술의 뛰어남(妙)을 칭찬할 때 비유하여 이르는 말이다.

손을 대고 어깨를 기울이며, 발로 밟고 무릎을 구부리는 동작에 따라 고기가 뼈에서 떨어져 나왔다. 빠른 속도로 칼을 놀리는 소리가 쉭쉭 울려 퍼져 가락을 이루었는데, 「상림桑林」[6]의 무악舞樂과도 조화를 이루고, 「경수經首」[7]의 장단과도 어우러졌다. 혜왕이 감탄하며 말했다. "어떻게 하면 재주가 이 같은 경지에까지 이를 수 있는가?"

포정이 대답했다. "제가 얻은 결과는 도道이며, 기술보다는 우월한 경지입니다." 이렇게 말한 그는 자신이 기술을 연마한 방법을 설명하기 시작했다. "처음 소를 잡을 때에는 소의 겉모습만 눈에 보일 뿐, 어디서부터 손대야 할지 몰랐습니다. 그러나 3년이 지나자 소의 겉모습이 사라지며 그때부터 완전한 소의 모습이 보이는 일이 없어졌습니다. 어디서부터 칼을 찔러 소를 해체해야 할지 알게 된 것입니다. 그러나 이때까지도 저는 다만 기술을 터득한 것에 불과했습니다. 하지만 지금은 오직 정신으로 소를 대할 뿐, 눈으로 보지 않습니다. 눈으로 보는 것에 의지하지 않고, 정신의 자연스러운 작용에 따라 움직일 뿐입니다. 여기에 이르면 이미 도의 경지에 도달한 것입니다."

포정은 세 단계를 거쳐 마침내 신기에 가까운 기술을 연마해냈다. 그의 칼은 19년을 사용했는데도 칼날이 무뎌지지 않아 마치 방금 숫돌에 간 것처럼 보였다. 이는 그가 '자연의 이치(天理)'에 따라 소의 뼈와

---

4) 문혜왕이라고도 부름
5) 포정은 춘추전국시대 때 양나라 사람이다. 소를 잡는 백정이었지만, 워낙 소를 잘 잡아서 양나라 혜왕의 요리사로 일했다고 한다.
6) 은나라 탕왕 때의 명곡이다.
7) 요 임금 때의 명곡이다.

살 사이의 빈 곳을 골라 자유자재로 칼을 움직였기 때문이다.

포정은 소를 잡을 때, 우선 소의 형체가 지닌 본래의 구조를 이해해야 한다고 했다. 그다음에 본래의 구조에 따라 소의 뼈와 살 사이의 빈 곳을 골라 칼을 움직여야 뼈와 근육이 얽혀 있는 곳을 피해 칼질을 할 수 있다고 했다. 그가 칼날을 전혀 상하게 하지 않고 오래도록 사용할 수 있는 것은 바로 이 때문이었다. 뼈와 근육이 얽혀 있는 부위에서는 한층 더 정신을 집중하여 칼질에 신중을 기했고, 소를 다 잡은 뒤에는 칼날을 깨끗이 닦아 정성스럽게 보관했다.

중국 의학에서는 건강이나 무병장수에 관한 활동을 가리켜, '양생의 도(養生之道)' 또는 '양생술(養生之術)'이라고 한다. '도道'는 법칙이나 원칙을 가리키며, '술術'은 구체적인 방법과 수단을 가리킨다. 이 둘의 특징은 바로 평범한 일상생활 속에서 이루어진다는 점이다. 먹고 마시기, 밀고 당기기, 걷기, 움직이기, 앉기, 눕기 등 일상의 모든 움직임이 양생이나 건강유지와 관련되어 있다.

중국에서는 그들의 전통적인 장수법을 가리켜, '위생', '양생', '후생' 또는 '도생'이라고 한다. 이 말들의 뜻은 다음과 같다. '위생衛生'은 생명을 지킨다는 뜻이고, '양생養生'은 생명을 보호한다는 뜻이며, '후생厚生'은 생명을 후하게 대접한다는 뜻이다. '도생道生'은 바로 위의 모든 장수법이 지켜야 할 일정한 법도를 의미한다. 노자의 《도덕경》에서는 양생에 대해 이렇게 설명했다. "사람은 땅을 본받고 땅은 하늘을 본받으며, 하늘이 도를 본받고 도가 자연을 본받는다."[8] 이는 양생이 자연의 섭리를 따르는 것임을 뜻한다. 양생의 도는 양생의 원칙을 따라야 한다. 양생의 원칙이란 평소 생활 속에서 자연의 섭리에 따름으로써 자연과 혼연일체가 되는 깃을 말한다.

전해지는 역사서 가운데 이런 기록이 있다. 남북조시대 때 북위北魏에 나결羅結이라는 대장군이 있었는데, 120세까지 살았다. 그는 군인으로서는 실로 드물게 타고난 천수를 누린 사람이었다. 나결이 107세 되던 해, 태무제[9]는 그를 대원수로 삼아 선봉에 세웠다. 당시 나결은 이미 100세가 넘은 노인이었지만, 몸이 건장하고 눈과 귀가 밝았으며, 정신적으로도 전혀 노쇠함이 없어 여전히 젊은이 못지않은 건재함을 과시했다고 한다.

하루는 나결과 태무제 두 사람이 술자리에서 대화를 나누게 되었다. 나결이 안도진安都鎭대장군으로 있는 자신의 맏아들 나근羅斤의 나이가 이미 80세를 넘었고, 안동安東 장군으로 있는 손자 나이羅伊가 이미 60세가 되었다고 말하자, 태무제는 놀라움에 감탄을 금치 못하며 말했다. "대장군의 집안은 장수(將帥=장군) 가문인 동시에 장수長壽 가문이기도 하구먼. 이렇게 기쁜 일이 또 어디 있겠소. 그 장수의 비결을 내게 가르쳐 주지 않겠소?"

나결이 웃으며 대답했다. "특별한 비결은 없습니다. 다만 뜻을 두고 가꾸는 꽃은 꽃이 피지 않지만, 무심코 심은 버들은 큰 그늘을 이루는

---

8) 人法地, 地法天, 天法道, 道法自然.

9) 太武帝, 중국 북위 제3대 황제(재위 423~452)

것뿐이지요."[10] 태무제가 기뻐하며 말했다. "그대의 말이 옳소. 세상에는 좋은 일들이 수없이 많지만, 그것들에 집착할수록 더 얻기 어려워지고, 오히려 욕심을 버리고 자연의 순리에 따르면 얻으려 하지 않아도 저절로 얻게 되니 말이오."

나결이 태무제의 말에 공감하며 말했다. "폐하께서는 참으로 영명하십니다. '자연의 순리에 따른다(順其自然)'는 네 글자가 대도大道의 의미를 모두 담고 있지 않습니까. 오래 살기 위해 고민하거나 그것에 집착하지 않고, 다만 자연의 순리에 따라 편안한 마음으로 살아온 것이 바로 제 장수의 비법이자, 바로 폐하께서 말씀하신 '순기자연'이 아닌가 싶습니다!"

현대인들은 매일 복잡하고 다양한 일들을 겪으며 살아간다. 이런 삶 속에서 천수를 누리려면 사물이 발전하는 이치를 깨닫고 자연의 순리에 따라야 한다. 어떤 고난이 닥치더라도 정신을 집중하고 신중을 기한다면 이 세상에 해결하지 못할 일은 없다. 또한 고난을 해결한 뒤에는 포정이 소를 잡은 뒤 칼을 정성스럽게 닦아 잘 보관하는 것처럼 겉으로 드러났던 자신의 능력을 다시 숨기고 몸과 마음을 보양해야 한다. 사람의 몸에는 태어날 때부터 이미 정해진 규칙들이 있으며, 이에 따라 생활하면 건강에 도움이 된다.

---

10) 有心栽花花不開, 無心揷柳柳成陰. 野花不種年年育, 煩惱無根日日生. 들꽃은 심지 않아도 해마다 자라나고, 번뇌는 뿌리가 없는데도 날마다 자라난다. 예호藝虎가 지은 한시의 한 구절을 인용했다.

포정이 소를 잡으면서 소의 **뼈**와 살 사이의 빈 곳을 골라 두께 없는 칼날을 움직이는 것처럼, 우리 역시 자연의 섭리에 따르는 가운데 최대한 모순을 피해가며 살아야 한다. 이것이 가능할 때, '우리는 건강하게 오래도록 살 수 있으며, 또한 부모님을 모시며 천수를 누릴 수 있다.' 이것이 바로 장자가 추구했던 양생의 도다.

우리는 '포정해우' 이야기에서 정신을 위한 양생법을 배울 수 있다. 또한 세상을 유유자적하며 거닐려면 먼저 삶과 도道가 혼연일체가 되는 경지에 도달해야 함을 알 수 있다. 포정은 단순히 명상과 같은 방법을 통해 도의 경지에 도달한 것이 아니었다. 그는 우선 소를 해체하는 일이 자신의 직업임을 직시하고, 자신의 일과 정신이 하나가 되도록 했다. 즉, 소를 해체하는 행위는 대가를 받는 노동인 동시에 정신을 통일하는 운동이 되며, 소를 해체한 후의 기쁨은 자신의 것이 된다. 그야말로 일과 정신이 하나가 되는 삶을 사는 것이다. 이렇게 그의 정신과 소를 해체하는 일의 상호작용만이 존재할 때, 비로소 그 기술은 신기의 경지에 이를 수 있다.

"제가 얻은 결과는 도이며, 기술보다는 우월한 경지입니다." 포정의 이 말은 '기술 연마와 도의 깨달음' 사이의 관계를 말해준다. 도의 경지에 이르려면 특히 경험과 훈련을 통한 정신적 경지의 변화를 이루어야 한다. 기술을 배우고 익히는 것 역시 마찬가지다. 겉으로 드러나는 기술이 발전하고 성숙하는 동시에, 정신 역시 그와 함께 발전해야 한다. 이렇게 될 때, 기술 역시 더 높은 수준으로 도약할 수 있다.

어떤 고승은 이렇게 말했다. "처음에 보니, 산은 산이고 물은 물이었다. 훗날 다시 보니, 산은 산이 아니고 물은 물이 아니었다. 그리고 마지막으로 다시 보니 역시 산은 산이고 물은 물이다."

그러나 마지막으로 본 산과 물의 모습은 이미 맨 처음에 보았던 산과 물의 모습과는 다르다. 이전처럼 단순히 산과 물의 외면만을 인식하는 것이 아니라 사물의 심층까지 깊게 인식할 수 있게 된 것이다. 이는 어린 아이가 그림을 배우는 과정으로 설명할 수 있다. 이제 막 그림 그리기를 배우기 시작한 아이는 한 가지 색으로 간단한 선들을 긋는 것으로 그림을 표현하지만, 시간이 지나면 정해진 캔버스 안에 구도를 잡고 그릴 수 있게 되며, 그리는 기술이 좀 더 성숙하면 그리고 싶은 대상을 발견하기만 해도 곧장 마음 내키는 대로 붓을 움직여 사물의 형태와 질감 등을 사실적으로 표현할 수 있게 된다. 계속 연습한다면 그 후에는 화법이나 이론에 구애받지 않고 자신이 원하는 바를 자연스럽게 표현할 수 있게 된다.

▌자연스럽게 살고 있는가

○ **뛰어난** 사냥개는 그 재주 때문에 줄에 묶이는 걱정을 해야 하고, 민첩한 원숭이는 숲에서 사로잡혀 온다.

– 《장자》「천지편」

○ **그** 다스림은 사람에 있는 것으로 무위에 맡겨두면서 외물도 잊고 자연도 잊을 것이니, 이를 가리켜 자기를 잊었다고 하며, 자기를 잊은 사람을 '자연과 하나가 되었다'라고 한다.

– 《장자》「천지편」

노자는 《도덕경》에서 다음과 같이 말했다. "사람은 땅을 본받고 땅은 하늘을 본받으며, 하늘은 도를 본받고 도는 자연을 본받는다."[1] "백성이 모두 '내가 저절로 그렇게 되었다'고 한다."[2] "만물이 도를 높이고 덕을 귀하게 여기는 것은 누가 시켜서가 아니라 스스로 그러하기 때문이다."[3]

위에서 말하고자 하는 핵심은 다음과 같다. '사람은 반드시 땅의 법칙에 따라야 살 수 있고, 땅은 하늘의 변화에 따라야만 온갖 사물을 자라나게 할 수 있는데, 이 하늘은 '도道'의 운행을 따른다. 도는 바로 자존自存할 수 있는 자연 그대로의 존재다.' 이것이 바로 장자가 우주의 변화에서 얻은 깨달음이자, 양생을 위해 활용할 수 있는 원칙이다. 그래서 사람은 자연의 도에 순응하고 자연의 법칙에 적응해야 하며, 이

1) 人法地, 地法天, 天法道, 道法自然.
2) 百姓皆曰我自然. 최상의 통치자는 (아랫사람들이) 그가 있다는 것도 알지 못한다. 그다음은 가까이하고 기리며, 그다음은 두려워하고 모멸한다. 위에서 믿음이 부족하니 아래에서 믿지 않는 것이다. 머뭇거리며 말을 하지 않으니, 일이 이루어져도 백성이 모두 "내가 저절로 그렇게 되었다"고 한다. — 《도덕경》 제17장
3) 道之尊也, 德之貴也. 天莫之爵而恒自然也.

에 따르지 않으면 양생에서 멀어진다고 했다.

'자연自然'이란 무엇일까? 인위적이지 않은 자연스러운 상태를 말한다. 자연스러움. 즉 모든 일이 자연의 순리에 따라 이루어지는 상태다. 양생의 도는 이러한 자연의 순리에 따르는 것을 기반으로 한다. 그러나 세상에는 완벽하게 똑같은 존재가 둘일 수는 없으므로, 모든 일은 각자가 처한 상황에 따라 처리해야 한다. 즉 각 개인의 차이를 무시하고 남의 양생법을 무조건 따라갈 것이 아니라, 개개인의 상황이나 조건의 차이를 고려하여 자신에게 가장 적합한 양생법을 선택해야 한다. 《장자》「천지편」에서는 다음과 같이 말하고 있다.

공자가 노자에게 양생의 방법을 물었다. "사람들이 도를 닦고 그것을 연구하면서도 옳거니 그르거니, 그러니 그렇지 않거니 다투며 도를 거스르는 행동을 하고 있네. 이들 변론가의 주장은 자신들이 '마치 해나 달이 하늘에 떠 있듯 훤히 견백동이堅白同異[4]의 뜻을 알 수 있다'는 것인데, 이런 이들을 성인이라 할 수 있겠는가?"

노자가 말했다. "이런 자들은 잡일이나 하는 말단 관리이거나 기교에 얽매인 자들로, 몸은 몸대로 고생시키고 마음은 마음대로 번거롭

---

4) 전국시대 조나라 공손룡公孫龍이 부르짖은 궤변이다. '흰 돌'은 눈으로 돌을 볼 때에는 빛깔이 희다는 것은 알 수 있으나, 그것이 단단하다는 것은 알 수 없다. 또한 손으로 돌을 만질 때에는 그것이 단단하다는 것은 알 수 있으나, 희다는 것은 알 수 없다. 따라서 단단하고 흰 돌(견백석)은 한꺼번에 이루어질 수 없는 개념이라고 하는 논법을 써서, 옳음을 그름으로 나타내고 같은 것을 다르다고 우기는 말재주를 의미한다. '동이'는 같은 것을 다르다 하고, 다른 것으로 하여금 같게 하는 일을 말한다. '흑백분명黑白分明'과 정반대되는 말이라 할 수 있다.

게 하는 자들이네. 뛰어난 사냥개는 그 재주 때문에 줄에 묶이는 걱정을 해야 하고, 민첩한 원숭이는 숲에서 잡혀 오지. 내 그대에게 그대가 일찍이 듣지 못하고 말하지도 못한 도를 알려 주겠네. 무릇 머리와 발은 있어도 마음과 귀가 없는 자들[5]이 많고, 형체를 가진 것은 형체도 모양도 없는 것으로 돌아갈 뿐 모든 존재에는 다함이 없지. 움직임과 멈춤, 죽음과 삶, 쇠퇴와 번창, 이 모두가 자연에서 생겨났지만 왜 그러한가는 알아낼 수가 없네. 그 다스림은 사람에 있는 것으로 무위無爲에 맡겨두면서 외물도 잊고 자연도 잊을 것이니, 이를 가리켜 자기를 잊었다고 하며, 자기를 잊은 사람을 '자연과 하나가 되었다'라고 한다네."

중국 의학에서는 양생을 자연의 순리에 맞추어 사람들의 생활방식을 안배하는 것이라고 말한다. 즉 자연의 규율에 순응하는 적절한 방법을 이용하여 인체의 생명활동을 유지하는 방식이라고 할 수 있다.

운동을 좋아한다면 운동을, 휴식을 좋아한다면 휴식을 더 즐기는 것도 좋다. 술을 좋아하는 사람이라면, 만족할 때까지 마셔보는 것도 좋다. 단, 술을 아무리 좋아한다 해도 체질적으로 맞지 않는 경우라면, 적당한 선에서 자제해야겠다. 7, 80세가 되어도 여전히 겨울에 수영을 즐기는 노인들이 있는가 하면, 찬물로 세수만 해도 감기에 걸리는 젊은이도 있다. 만약 당신이 후자라면 억지로 겨울에 수영하러 나설 필

___

5) '지각知覺이나 견문見聞이 없는 사람'을 말한다.

요는 없다.

어떤 학자는 자연에 순응한다고 할 때의 '자연自然'이라는 두 글자를 이렇게 설명한다. '자自'는 '자기 자신(自己)'을, '연然'은 '본래 그대로의 모습'을 가리킨다. 그러므로 여기에서의 '자연'이란 바로 자신이 선천적으로 타고났거나 후천적으로 길러진 모습이라 할 수 있다. 결국, 자연에 순응하여 양생한다는 것은 자신이 선천적으로 타고났거나 살아가면서 자연스럽게 형성된 모습으로 생활하는 것, 즉 인위나 강요, 억지, 모방 등을 배제하고 지극히 평범하고 자연스럽게 생활하는 것을 말한다.

▍임공자가 물고기를 잡기까지

○ **임공자가** 커다란 낚싯바늘과 굵은 낚싯줄을 준비한 다음, 황소 50마리를 미끼로 매달아 회계산에 걸터앉아 동해에 낚싯대를 던졌다. 이렇게 하루도 빠짐없이 꼬박 1년 동안 낚시질을 했지만, 그는 단 한 마리의 물고기도 잡지 못했다. 그러나 그는 전혀 조급해하지 않고 낚싯대를 드리운 채 차분히 기다렸다. 그로부터 며칠 후, 큰 물고기가 미끼를 물더니 낚싯대를 끌고 물속으로 잠겨 들어갔다가 등지느러미를 세우며 물 위로 솟구쳐 올랐다. 분명 평범한 물고기가 아니었다. 이 물고기가 걸리자 산더미 같은 흰 파도가 솟아오르면서 온 바다를 진동시켰는데, 그 소리가 귀신울음소리처럼 들려 천 리 밖에 있는 사람들까지도 두려움에 떨게 했다.

– 《장자》「외물편」

《장자》「외물편」에는 다음과 같은 일화가 있다. 임공자任公子가 커다란 낚싯바늘과 굵은 낚싯줄을 준비한 다음, 황소 50마리를 미끼로 매달아 회계산會稽山에 걸터앉아 동해에 낚싯대를 던졌다. 이렇게 하루도 빠짐없이 꼬박 1년 동안 낚시질을 했지만, 그는 단 한 마리의 물고기도 잡지 못했다. 그러나 그는 전혀 조급해하지 않고 낚싯대를 드리운 채 차분히 기다렸다. 그로부터 며칠 후, 큰 물고기가 미끼를 물더니 낚싯대를 끌고 물속으로 잠겨 들어갔다가 등지느러미를 세우며 물 위로 솟구쳐 올랐다. 분명 평범한 물고기가 아니었다. 이 물고기가 걸리자 산더미 같은 흰 파도가 솟아오르면서 온 바다를 진동시켰는데, 그 소리가 귀신울음소리처럼 들려 천 리 밖에 있는 사람들까지도 두려움에 떨게 했다.

임공자는 이 큰 물고기를 잡아 얇게 썰어 어포로 만들었다. 그러자 절강浙江의 동쪽에서 창오蒼梧의 북쪽까지 그 어포를 먹지 못한 사람이 없었다. 그 후로 남을 평가하거나 남의 이야기하기를 즐기는 무리들은 모두 크게 놀라 서로에게 이 소식을 알렸다. 이들은 서둘러 낚시도

구를 챙겨 산골짜기 개천가에 낚싯대를 드리우고 물고기잡이에 나섰다. 그러나 개천에서 붕어가 낚싯바늘에 걸리기를 기다리는 그들이 큰 물고기를 낚기란 어려운 일이었다. 섣부른 기대로 요행을 바라는 것은 도의 경지와 거리가 멀다.

이 이야기가 황당하기 짝이 없다고 생각할 수도 있다. 세상에 그렇게 큰 물고기가 어디 있단 말인가? 장자는 「소요유편」에서와 마찬가지로 상상력의 힘을 빌려 자신의 인생관을 표현하고자 했다. 사실, 이 이야기 앞부분의 주제는 지극히 간단하다. 바로, 적정 수준의 투자와 인내심이 함께 할 때 비로소 높은 성과를 기대할 수 있다는 것이다. 위 이야기를 통해 우리는 성공을 위한 몇 가지 중요한 조건들을 정리해 볼 수 있다.

첫째, 현재보다 높은 수준의 목표를 설정하라. 별다른 노력이나 힘을 들이지 않고도 쉽게 달성할 수 있는 목표는 강한 성취동기를 자극할 수 없다. 어떻게 임공자는 세상이 놀랄 정도로 큰 물고기를 잡을 수 있었을까? 바로 보통 사람들처럼 개천에서 잡을 수 있는 작은 물고기에 만족하지 않고 처음부터 큰 물고기를 잡겠다는 야망 찬 목표를 세우고 낚시를 시작했기 때문이다. 1년 가까이 아무것도 잡지 못했지만, 그래도 끝까지 포기하지 않고 남들의 시선을 무시하고 낚싯대를 거두지 않은 것 역시 바로 이 같은 목표가 있었기 때문이다. 생각의 수준이 행동의 수준을 결정한다.

역사적으로도 이를 입증하는 사례들은 상당히 많다. 나폴레옹은 '장군이 되고 싶어 하지 않는 병사는 훌륭한 병사가 아니다'라고 했고, 저 우언라이(周恩來) 총리는 젊은 시절부터 조국을 억압하는 세력을 몰아내 겠다는 큰 뜻을 품고 학업에 정진했다.[1] 그는 이미 14살 때 유방을 도 와 한나라 건국을 완성시킨 서한西漢의 장량張良을 주제로 한 시를 지어 중국의 정치적 폐단을 개혁하고 중국의 위대한 사상을 개조하겠다는 원대한 포부를 밝혔다. 그리고 그것은 그가 평생을 바쳐 나라와 민족 을 위해 충성하는 삶을 사는 데 큰 원동력이 되었다.

둘째, 초지일관의 끈기를 가져라. 예로부터 큰 뜻을 세웠던 사람들 은 무수히 많았다. 하지만 정작 그 뜻을 이루는 데 성공한 사람은 몇 이나 될까? 목표를 향한 집념과 끊임없는 노력이 없다면, 모든 이상과 목표는 단순한 공상에 그치고 만다. 만약 임공자가 물고기를 한 마리 도 잡지 못했다고 중도에 낚시를 그만두었다면 어떻게 되었을까? 그 때까지의 노력이 모두 수포로 돌아가는 것은 물론이고, 그는 이 일로 인해 좌절하게 되었을지도 모른다. 사상가 마르크스는 끝까지 공산주 의를 고수한 탓에 망명을 수차례 거듭해야 했고 배고픔에 찌든 생활을 견뎌야 했다. 그러나 그는 공산주의가 발전할 수 있는 기반을 닦았으 며, 10년간 꾸준하게 집필 끝에 《자본론》을 완성했다.

셋째, 집중력을 가져라. 만일 임공자가 남들이 물고기를 잡는 광경

---

1) 面壁十年圖破壁, 難酬蹈海亦英雄. 저우언라이가 일본 유학시절에 지은 시의 일부분이다. 그는 중국인민 을 억압하는 세력을 타파하겠다는 원대한 포부를 가지고 수년간 일본 유학생활을 했다. 이 시에는 자신의 포부를 실현하기에는 현실적으로 많은 어려움이 따르겠지만, 설사 성공하지 못한다 해도 그 노력은 절대 헛된 것이 아니므로 자신의 결정에 후회란 없다는 내용을 담고 있다.

을 시기하는 눈으로 바라보거나 남들의 비웃음과 조롱을 견디지 못하는 사람이었다면, 꼬박 1년간 물고기가 잡히기만을 기다릴 수 있었을까? 한 곳에 집중하지 못하고 갈팡질팡하면 결국은 아무런 성과 없이 허송세월하게 되는 경우가 대부분이다.

금상첨화 처세술과
설중송탄 처세술

○ **장자가** 집안형편이 어려워 양식을 빌리러 감하후를 찾아갔다. 감하후가 말했다. "빌려 드리지요. 영지에서 세금을 거두어들인 다음 선생에게 300금을 빌려 드리겠습니다. 어떻습니까?" 이 말을 들은 장자가 화를 벌컥 내며 말했다. "어제 이곳으로 오던 길에 누군가 저를 부르는 소리가 들려 주위를 돌아보니, 붕어 한 마리가 수레바퀴가 지나간 자리에 고인 물 안에서 퍼덕이고 있었습니다. 제가 붕어에게 물었습니다. '붕어야, 너는 무엇을 하고 있느냐?' 그러자 붕어가 대답했습니다. '저는 동해 수족의 일원입니다. 물 한 말이나 몇 됫박만이라도 떠와서 저를 좀 살려주십시오.' 그래서 제가 말했습니다. '좋다. 내가 남쪽의 오나라와 초나라 왕에게 유세하러 가는 길에 서강의 물을 떠와 너에게 대접하마. 그러면 되겠느냐?' 그러자 붕어가 벌컥 화를 내며 이렇게 말했습니다. '저는 지금 물이 없어서 당장 숨이 넘어갈 지경입니다. 물 한 말이나 몇 됫박만 있으면 우선 목숨은 보전할 수 있기에 부탁드린 것인데. 선생 말대로 한다면 나중에 저를 건어물상에서나 찾으시는 편이 빠르실 것입니다!'"

– 《장자》 「외물편」

《장자》「외물편」에는 다음과 같은 일화가 있다. 장자가 집안형편이 어려워 양식을 빌리러 감하후監河侯를 찾아갔다. 감하후가 말했다. "빌려 드리지요. 영지에서 세금을 거두어들인 다음 선생에게 300금을 빌려 드리겠습니다. 어떻습니까?"

이 말을 들은 장자가 화를 벌컥 내며 말했다. "어제 이곳으로 오던 길에 누군가 저를 부르는 소리가 들려 주위를 돌아보니, 붕어 한 마리가 수레바퀴가 지나간 자리에 고인 물 안에서 파닥이고 있었습니다. 제가 붕어에게 물었습니다. '붕어야, 너는 무엇을 하고 있느냐?' 그러자 붕어가 대답했습니다. '저는 동해 수족水族의 일원입니다. 물 한 말이나 몇 됫박만이라도 떠와서 저를 좀 살려주십시오.' 그래서 제가 말했습니다. '좋다. 내가 남쪽의 오나라와 초나라 왕에게 유세遊說하러 가는 길에 서강西江의 물을 떠와 너에게 대접하마. 그러면 되겠느냐?' 그러자 붕어가 벌컥 화를 내며 이렇게 말했습니다. '저는 지금 물이 없어서 당장 숨이 넘어갈 지경입니다. 물 한 말이나 몇 됫박만 있으면 우선 목숨은 보전할 수 있기에 부탁드린 것인데. 선생 말대로 한다면 나중에 저를 건어물상에서나 찾으시는 편이 빠르실 것입니다!'"

  '군자는 다급한 사람은 도와주되 부유한 자는 돕지 않는다'[1]라는 말
이 있다. 진정한 도움이란 상대방이 정말 도움을 절실히 필요로 할
때 실질적인 도움을 주는 것이다. 이럴 때 비로소 진정한 의의를 지
닌 도움을 주었다고 할 수 있다. 금상첨화錦上添花보다는 설중송탄雪中
送炭[2]이 낫다. 정말로 다급하게 도움의 손길을 필요로 하는 사람에게
도움을 주었을 때, 그 도움은 훨씬 더 직접적이고 큰 실효를 거둘 수
있다.

  소설 《홍루몽》에서 가보옥의 형수로 나오는 왕희봉王熙鳳은 항상 일
처리에 빈틈이 없고 누구에게나 환심을 사는 인물로 묘사된다. 그녀
는 좋은 일을 한층 더 좋게 만드는 탁월한 재주를 가졌을 뿐만 아니라
(금상첨화), 도움을 절실히 필요로 하는 사람들에게는 시기적절한 도움
을 줄 줄 아는(설중송탄) 인물이었다. 그녀의 탁월한 금상첨화 처세법을
보여주는 예로, 가賈씨 집안의 최고 어른인 가모賈母에 대한 태도를 들
수 있다. 왕희봉은 특히 가모의 총애를 받았다. 그녀가 가모의 환심을
사는 방법은 다양했지만, 마지막에는 항상 가모의 현명함과 위엄은 그
누구도 따를 수 없다는 결론을 이끌어냈다. 왕희봉은 이런 말들을 입
에 달고 다니며 시시때때로 가모의 환심을 사려 했고, 그녀의 이런 노

---

1) 君子周急不繼富. - 《논어》 「옹야편」
2) 눈 속에 있는 사람에게 땔감을 보내준다는 뜻으로, 급히 필요할 때 필요한 도움을 주는 것을 이르는 말이다.

력은 결코 실패하는 법이 없었다.

그녀가 보여준 설중송탄 처세법의 예로는 형수연刑岫煙과 관련된 일화를 들 수 있다. 형수연이라는 인물을 떠올리면, 부모님께 드릴 돈을 마련하기 위해 전당포에 겨울 솜옷을 맡기고 이를 알게 된 설보채가 그녀를 돕는 대목이 떠오르지 않을까 싶다.[3] 그러나 왕희봉 역시 형수연의 어려운 처지를 도왔던 사람이었음을 묘사한 부분을 기억하는 사람은 그리 많지 않다. 형수연이 처음 가부賈府에 머물게 되었을 때, 왕희봉은 형수연이 만일 집으로 돌아가게 되면 할 수 없고, 대관원에 계속 머무른다면 매달 영춘迎春과 똑같은 금액의 용돈을 주면 그만이라고 생각했다. 그러나 형수연의 성품이며 하는 행동이 그 부모들과는 다르다는 것을 알게 된 뒤로는 그녀의 처지를 동정하며 다른 자매들보다 더욱 아끼고 사랑해 주었다. 만일 왕희봉이 매달 그녀에게 용돈을 주지 않았다면, 형수연이 어떻게 살아갈 수 있었을까. 이렇게 볼 때, 왕희봉이 형수연에게 베푼 온정은 충분히 설중송탄의 상황이라고 할 수 있다.

왕희봉이 형수연을 도운 일은 당사자인 형수연은 물론, 가부의 위 아래 모든 이들을 크게 감동시켰다. 이를 두고 한 노파는 이렇게 말했다. "방금 들은 말인데, 마님과 아씨들의 일처리가 감격스러울 정도라

---

3) 형수연의 부모는 그녀가 가부에서 매달 용돈을 받는다는 것을 알고, 절반을 자신들에게 보낼 것을 강요했다. 그러나 실상 그녀가 받은 용돈의 절반은 자신의 가난한 처지를 무시하는 가부의 하인들을 달래기 위한 간식을 사는 데 거의 사용되고 있었기에 남은 절반으로는 생활을 꾸려나가기조차 어려운 형편이었다. 그런 이유로 급전을 마련하기 위해 추운 겨울이었음에도 솜옷을 전당포에 맡겼던 것이다.

고 하더이다." 가부의 위아래 모든 이들이 집안의 권력과 돈을 한 손에 장악하고 있는 왕희봉에게 아첨하지 못해서 안달인 것도 사실이었지만, 어떤 면에서는 그녀가 보여준 설중송탄 격의 행동 역시 꽤 많은 이들의 마음을 사로잡았던 것이 분명하다.

사람들은 보통 금상첨화를 좋아한다. 사실, 잘나가는 사람 앞에서 덕담 몇 마디나 칭찬을 더하기란 더없이 쉬운 일이기도 하고, 굳이 상대의 환심을 사려는 의도가 아니더라도 인간관계를 원활하게 만드는 가벼운 인사치레라고 보아도 무방하다. 금상첨화라는 말은 병법이나 인생필독서에 단골처럼 등장하며, 관료사회는 물론, 일반 직장생활에서도 통용되는 뛰어난 처세술로 인정받아 왔다. 이 처세술에 능통해 출세가도를 달리거나 부자가 된 이들도 적지 않다. 그러나 설중송탄의 상황은 이와는 전혀 다르다. 사람이 평생을 살면서 설중송탄의 상황을 경험할 가능성은 금상첨화에 비해 극히 적다. 그 이유는 두 가지로 설명할 수 있다.

우선, 금상첨화와 설중송탄은 처한 상황이 다르다. 금상첨화를 경험하는 사람은 대개 생활에 어려움이 없거나 사업이 순조로운 상황, 즉 승승장구하는 상황에 있는 경우가 많으며, 향후 더 좋은 상황으로 발전할 가능성이 크다. 그래서 이들 주위에는 그들에 기대어 이익을 얻으려는 이들, 즉 덕을 보려는 이들이 끊이지 않는다. 이렇게 볼 때, 금상첨화에는 인간이라면 누구나 바라는 것, 즉 이익추구를 향한 강렬한 욕망이 반영되어 있다.

반대로 설중송탄을 경험하는 이들은 순탄치 못한 상황에 있는 경우가 대부분이다. 이들을 돕거나 함께 있어봤자 득 될 것이 전혀 없다. 그렇기에 대다수 사람은 본능적으로 혹은 의식적으로 이들과 가까이 하는 것을 기피한다. 그렇다 보니 정작 도움이 필요한 그들을 도우려는 사람을 찾아보기 어렵다. 이렇게 볼 때, 설중송탄 역시 인간이 공통적으로 지닌 냉혹함을 반영하고 있다고 할 수 있다.

둘째, 금상첨화와 설중송탄에 동일한 도움을 준다고 할 경우, 수익을 회수할 때 큰 차이가 있다. 금상첨화의 처세법을 활용하면 간단한 말 몇 마디로도 손쉽게 자신이 원하는 바를 얻을 수 있다. 하지만 설중송탄의 경우에는 도움을 주고도 언제 그 답례를 받을 수 있을지 확실하지 않을 뿐만 아니라, 자신에게 전혀 이익이 없는 일들에 발목을 잡히는 일이 생길 수도 있다. 그래서 대다수 사람이 설중송탄과 같은 상황에서 도움의 손길을 주는 일을 꺼린다.

사실 따지고 보면 설중송탄의 상황에서 도움을 주는 사람이라고 해서 반드시 이익을 따지지 않는다고는 할 수 없다. 설중송탄의 경우, 도움에 대한 보답을 받을 수 있을지는 불확실하지만, 그 도움의 효과면에서는 금상첨화보다 훨씬 크기 때문이다. 승승장구하는 사람에게 칭찬을 하거나 도움을 더해 주면서 그 덕을 보려는 이들은 수도 없이 많다. 워낙 이런 이들이 많다 보니, 받는 사람이 그 사람을 기억하리라는

---

4) 농민공農民工. 농민 출신 노동자. 농촌을 떠나 도시로 진출하여 건축·운수 등에 종사하는 노동자를 말한다.

152

보장이 없다. 그러나 이와는 달리 설중송탄을 하는 사람은 그 수도 적을 뿐만 아니라, 절체절명의 위기에 처했을 때 도움을 주었기 때문에 도움을 받는 상대는 반드시 그 사람을 기억하며 마음속 깊이 그 은혜를 새기게 된다.

강자나 승자에게 힘을 보태고 싶어 하는 이들은 많지만, 패자나 약자의 어려움을 도우려는 이들은 거의 없다. 그렇지만 일찍이 공손한 태도로 농민 출신 노동자[4]들과 이야기를 나누던 그 누군가를 모두 보지 않았는가? 이 역시 달면 삼키고 쓰면 뱉는 인간의 본능이고 강자에게 빌붙어 보려는 처사일까?

사실, 최상의 선택은 평정심을 유지하는 것이다. 즉, 이익과 관련된 모든 조건을 떨쳐 버리고 깨달음의 마음으로 자신이 마땅히 해야 할 일을 하는 것이다.

물살에 따를 뿐
거스르지 않는다

○ **공자가** 서둘러 그에게 다가가 물었다. "나는 선생이 귀신인 줄로만 알았소. 그런데 아무리 봐도 사람이 분명하구려. 선생은 어찌 그렇게 수영을 잘하시오? 무슨 비결이라도 있소?" 그가 대답했다. "특별한 비결은 없습니다. 저는 다만 근본에서 시작하여 천성을 기르고 천명을 이루었을 뿐입니다. 그래서 헤엄칠 때에는 소용돌이와 함께 물속으로 들어갔다가 솟아오르는 물길과 함께 물 위로 올라옵니다. 물살에 따를 뿐이지 억지로 물살을 거스르는 일은 하지 않습니다. 이것이 바로 제가 수영하는 방법입니다." 공자가 다시 물었다. "근본에서 시작하여 천성을 기르고 천명을 이룬다는 것이 무슨 뜻이오?" 그가 대답했다. "산지에서 태어나 산에서 생활하는 것이 적응되어 편안했으니 그것이 본연입니다. 그리고 어른이 되어서는 물가에 살며 그 생활에 익숙해졌으니 그것이 습성을 기르는 것이며, 저도 모르는 사이 수영을 잘하게 된 것은 자연의 이치라 한 것입니다."

— 《장자》「달생편」

154

공자가 여양呂梁 땅으로 유람을 나섰다가, 그곳에서 높이가 2, 30장[1]이나 되는 폭포를 보게 되었다. 그 폭포가 얼마나 거대한지 폭포물이 떨어지면서 일어난 격류와 물보라가 40리 밖까지 튈 정도로 거세서 물고기는 물론 자라나 악어도 쉽사리 헤엄칠 수 없는 곳이었다.

공자가 그곳에 이르렀을 때, 한 남자가 물속에 있는 것을 보게 되었다. 공자는 그가 무슨 사연이 있어 죽으려는 줄 알고 제자들을 보내 그를 구하려 했다. 이에 제자들이 그에게 가려고 할 때, 수백 보 떨어진 곳에서 물속에 있던 그 사람이 돌연 헤엄쳐 나오더니 머리를 풀어헤친 채로 노래를 부르면서 언덕 아래를 거니는 것이었다.

공자가 서둘러 그에게 다가가 물었다. "여양의 폭포는 높이가 수십 장이나 되고 폭포물이 떨어져 생긴 물거품이 40리 밖까지 튈 정도라 물고기는 물론 자라나 악어도 쉽사리 헤엄치기 어려운 곳인데, 방금

---

[1] 丈, 1장은 10척이며, 약 3.33m

선생이 그곳에서 헤엄치는 것을 보고 행여 목숨을 끊으려는 것이 아닌가 걱정이 되어 제자를 보내 구하려던 참이었소. 그런데 금세 선생이 물에서 나와 머리를 풀어헤친 채 노래를 부르면서 걷는 것을 보고, 나는 선생이 귀신인 줄로만 알았소. 그런데 아무리 봐도 사람이 분명하구려. 선생은 어찌 그렇게 수영을 잘하시오? 무슨 비결이라도 있소?"

그가 대답했다. "특별한 비결은 없습니다. 저는 다만 근본(故)에서 시작하여 천성(性)을 기르고 천명(命)을 이루었을 뿐입니다. 그래서 헤엄칠 때에는 소용돌이와 함께 물속으로 들어갔다가 솟아오르는 물길과 함께 물 위로 올라옵니다. 물살에 따를 뿐이지 억지로 물살을 거스르는 일은 하지 않습니다. 이것이 바로 제가 수영하는 방법입니다."

공자가 다시 물었다. "근본에서 시작하여 천성을 기르고 천명을 이룬다는 것이 무슨 뜻이오?" 그가 대답했다. "산지에서 태어나 산에서 생활하는 것이 적응되어 편안했으니 그것이 본연(故)입니다. 그리고 어른이 되어서는 물가에 살며 그 생활에 익숙해졌으니 그것이 습성(性)을 기르는 것이며, 저도 모르는 사이 수영을 잘하게 된 것은 자연의 이치(命)라 한 것입니다."

삶이란 본래 그러하다. 환경에 적응하거나 자연의 순리에 따르다 보면 의도하지 않아도 저절로 이루어질 때가 많다.

위에서 '물살에 따를 뿐 이를 거스르지 않는다'는 말은 주관 없이 행동하라는 뜻이 아니다. 자연의 순리에 따르되, 단 항상 자신이 할 수 있는 최선을 다하라는 의미다. 진정 지혜로운 사람은 지나친 욕심을 부리지 않는다. 다만 자연의 순리에 따라 처한 환경에 적응하며, 그 안에서 자신에게 주어진 일에 최선을 다할 뿐이다. 기대치가 높으면 그만큼 도달하기도 어렵고 실망도 크기 마련이다. 진정으로 인생의 참뜻을 아는 사람은 항상 자연에 융화되어 환경에 적응하는 대범함을 지니고 있으며, 수시로 헛된 욕심이나 망상, 나쁜 생각들을 버림으로써 자신의 몸과 마음을 가볍게 한다. 또한 자신이 할 수 없는 일을 무리해서 하려 하지 않는다. 그러나 세상 사람들은 이와 정반대로 행동한다. 이것이 바로 사람들이 쉽게 고통에 빠지거나 즐거움을 잃어버리는 이유이다. 자연의 순리에 따르며 자신의 본분에 최선을 다하고, 지나친 욕심을 부리지 않는 것이 최선이다.

《리더십의 본질The nature of Leadership》[2]이라는 책에는 다음과 같은 말이 있다. "자연환경이나 주변 사람들, 무한한 원칙을 향해 마음의 문을 열면 당신이 직면한 리더십의 도전과 기회는 분명 가장 적절한 해결책을 제시해 줄 것이다."

사실, 이 말이 어디 리더에게만 유효하겠는가? 사람 마음은 변덕스러울 뿐만 아니라 환경의 영향을 크게 받는다. 그리고 이러한 마음의 변화는 우리가 주변 사람들이나 사물을 바라보는 관점에 직접적인 영향을 준다. 이것이 바로 우리가 마음의 변화에 주의를 기울여야 하는 이유다. 마음을 불안으로 채우면 존재에 대한 인식은 점점 흐릿해질 뿐이지만, 마음을 비우면 세상 모든 존재를 명확히 꿰뚫어 볼 수 있다.

---

[2] 스티븐 코비Stephen Covey 외 2인 저

주어진 환경에 적응한다는 것은 결코 자신의 주관을 버린다는 뜻이 아니다. 오히려 주관을 뚜렷이 하고 한 곳에 몰입한다는 의미다.

불교에서는 '모든 일은 마음먹기에 달려 있다'[3]고 한다. 세상 모든 존재는 오직 사람이 인식하기에 존재하는 것이므로, 만약 사람이 인식하지 못하면 세계는 존재하지 않는다.[4] 이 말은 사람의 마음이 변화하면 자연스럽게 세상을 바라보는 눈도 달라진다는 말로 풀 수 있다. 인식은 마음가짐에 달렸기 때문이다.

중국인들은 오래전부터 우禹임금이 치수治水에 성공한 결정적 이유가 바로 자연의 순리를 거스르지 않는 자연친화적 방법을 선택했기 때문이라고 생각했다. 사사로움을 버리고 자연의 변화에 몸을 맡기면, 활력과 평온, 그리고 끝없는 변화와 한결같음이 공존하는 삶을 영위할 수 있다. 이야말로 모든 것을 자연의 순리에 따르는 인생의 진정한 최고 경지라 할 수 있다.

---

3) 萬物有心造.
4) 마음을 바탕으로 의식을 설명하는 불교의 유식학설唯識學說이다. 모든 것은 마음을 떠나 존재할 수 없다는 전제에 따라 정신과 물질이 근본적으로 서로 다르지 않으며, '모든 것을 인식하고 판단하는 정신이 주체이며 모든 것의 주인은 마음이다'라고 설명한다.

영원한 젊음을 누리는 비결

○ "**복양의는** 성인의 재능은 있으나 성인의 도를 지니지는 못했네. 나는 성인의 도는 있으나 성인의 재능은 없었지. 내가 그에게 도를 가르쳐 보려 했던 것은 그에게 성인이 될 기미가 있었기 때문이네. 꼭 그렇지는 않지만 성인이 될 만한 재능을 지닌 자에게 성인의 도를 가르치기란 쉬운 일이라네. 그에게 조심스럽게 도를 가르쳤는데, 3일이 지나자 그는 인간 세상을 잊을 수 있었네. 세상사를 잊게 된 뒤 다시 지키고 앉아 그를 가르쳤더니 7일이 지나자 모든 외물을 잊게 되었네. 모든 외물을 잊게 된 뒤 또다시 지키고 앉아 그를 가르쳤더니 9일 후에는 자신의 존재마저 잊게 되었다네. 자신의 존재를 잊게 되자 마음이 평안해지고 떠오르는 태양처럼 모든 것을 환히 꿰뚫어 볼 수 있게 되었지. 그렇게 되자 결코 기다리는 법이 없는 '도'를 능히 느낄 수 있게 되었고, 그다음에는 과거와 현재라는 시간의 굴레를 초월할 수 있게 되었네. 시간의 변화를 초월하게 된 후에는 삶과 죽음에 연연하지 않는 경지에 이르렀지. 무릇 삶을 죽이는 이는 죽지 않고, 삶을 살리려는 이는 살지 못하는 법이라네."

– 《장자》「대종사편」

청나라 때의 유명한 시인인 원매袁枚는 일대의 문성文星으로 평가받는 시인으로 82세까지 천수를 누린 덕에 일대의 수성壽星으로 불리기도 한다. 그는 건륭乾隆 재위 때 진사進士에 급제했지만, 33세 되던 해에 벼슬을 버리고 남경南京의 소창산小倉山에서 정원을 가꾸며 사는 자연친화적인 삶을 추구했다. 그는 평생 명예와 재물에 욕심을 내지 않았으며 도량이 넓었다. 참신하고 자연스러운 시풍의 작품을 많이 남겼으며, 말년에는 시를 통해 자신의 양생관과 생사관生死觀을 표현하기도 했다. 그는 〈서소견書所見〉이라는 작품에서 다음과 같이 말했다.

"나는 본래 취미가 많았다. 나이가 들어 이전만은 못하지만, 그래도 여전히 2, 3가지 취미는 지금도 전과 다름없이 즐기고 있다. 때때로 독서를 즐기거나 지팡이를 들고 여행길에 나선다. 그리고 이런 일들조차 힘에 부칠 때면, 창작의 어려움에 대해 토론하거나 터무니없는 괴담을 이야기할 때도 있다. 나이가 7, 80세를 훌쩍 넘었더라도 자신이 좋아하는 일을 하는 데 별 무리가 없다면, 그것이 평범한 노인들의 취미가 아니라한들 무슨 상관이 있겠는가?"

원매는 적극적이고 낙관적이었으며, 말년에 이르러서도 끝까지 글쓰기를 멈추지 않았다.

"잠누에에게 아직 남은 실이 있다면, 마땅히 서둘러 뽑아내야 하지 않겠는가? (나 역시) 시와 작품을 남김없이 뽑아내어 후손들에게 전해주리라."[1] 〈견회잡시遣懷雜詩〉에는 구구절절 낙관적이고 진취적인 그의 정서가 넘쳐흐르고 있다.

원매는 80세가 되어도 늙은 줄을 몰랐으며 죽음을 태연히 받아들였다. 그는 죽음은 자연의 섭리이므로 전혀 두려워할 필요가 없다고 생각했다. 그는 〈희로〉라는 작품에서 이렇게 적었다. "잠자리에서 일어나면 1백 가지 일이 생기고, 잠자리에 들면 1만 가지 일을 잊는다. 잠을 자고 일어나는 일은 계속 반복되니 기쁨도 번뇌도 없다. 어떤 것이 진정한 나인가? 남들이 늙고 쇠약해져 볼품없는 내 모습을 비웃어도 상관 없다. 중요한 것은 지금 이 순간 내가 살아 있다는 사실이다. 젊은 나이에 세상을 떠난 왕후장상이 얼마나 되는지 북망산에 물어나 볼까?[2]"

---

1) 잠누에에게 뽑아낼 수 있는 실이 남아 있다면 서둘러 뽑아내야 하는 것이 당연한 것처럼, 자신 역시 노년을 즐기는 취미생활이자 즐거움인 시 짓는 일을 죽는 날까지 해서 후대에 남기겠다는 내용이다.

2) 一起百事生, 一眠萬事了. 眠起卽輪回, 無喜亦無惱. 何物是眞吾? 身在卽爲寶. 就便再龍鐘, 賃人去笑倒. 試問北邙山, 年少埋多少? 북망산은 주나라 성왕이 낙양洛陽에 왕성을 쌓은 이래 후한을 비롯한 서진 · 북위 · 후당 등 여러 나라의 도읍지로서 역사적으로 번창했던 곳이다. 그만큼 낙양에는 많은 귀인 · 명사들이 살았으며, 이들이 죽은 뒤 대개 북망산에 묻혔기에 이곳에는 한나라 이후의 역대 제왕과 귀인 · 명사들의 무덤이 많다. 이러한 연유로 어느 때부터 인가 북망산이라고 하면 무덤이 많은 곳, 사람이 죽어서 가는 곳의 대명사처럼 쓰이게 되었고, 지금도 '북망산천北邙山川'하면 무덤이 많은 곳, 사람이 죽어서 가는 곳, '북망산 가는 길'하면 사람의 죽음을 뜻하는 말로 쓰이고 있다. 여기서 원매는 요절한 역대 제왕이나 귀인, 명사들보다도 늙더라도 살아 있는 자신이 훨씬 낫다는, 스스로에 대한 자부심을 표현하고 있다.

글 속에 배어 있는 작가의 소탈함과 낙관적 정서는 절로 감탄을 불러일으킨다. 하지만 그렇다고 해서 그가 건강관리의 중요성을 무시했던 것은 아니다. 그는 지금 이 순간이 가장 중요하지만, 사람은 나이가 들수록 환경 변화에 적응하기가 어려우므로 계절의 변화와 질병에 특히 유의하여 건강을 유지하도록 간곡하게 당부했다.

원매는 늙어감에 관한 자연의 섭리를 소탈하고 낙관적인 태도로 받아들였다. 몸은 늙어도 마음은 늙지 않고, 늙는 것을 두려워하지 않으며, 늙어가고 있음을 자각하고 그것을 인정하는 양생의 도를 지녀야한다는 그의 양생관은 현대인들에게도 많은 가르침을 준다.

원매의 이 같은 양생의 도는《장자》「대종사편」에서 영원한 젊음을 누린 여우女偶의 비결인 '마음의 수양'과도 일치한다.

어느 날 남백자규南伯子葵[3]가 여우에게 물었다. "당신은 나이가 많은데도 얼굴이 마치 어린아이처럼 보이는데, 그 까닭이 무엇입니까?" 여우가 말했다. "나는 도道를 터득했기 때문이라네."

남백자규가 말했다. "도라는 것은 배워서 터득할 수 있는 것입니까?" 여우가 대답했다. "어찌 가능하지 않겠나! 다만 그대는 그럴 만한 사람이 못 되네. 복양의卜梁倚[4]라는 사람이 있는데, 그는 성인이 될만한 총명함과 민첩함은 지녔지만, 마음을 비우는 성인의 도를 지니지

---

3)《장자》「제물론편」에도 등장하는 인물이다. 「제물론편」에서는 남곽자기南郭子綦로 불렸다. 장자는 우화에서 그를 자주 등장시키는데, 이는 그를 진인眞人에 버금가는 인물로 생각했기 때문이다.
4) 상고시대의 현인賢人이다.

는 못했네. 그에게 도를 가르쳐 보려 했던 것은 그에게 성인이 될 기미가 있었기 때문이네. 꼭 그렇지는 않지만 성인이 될 만한 재능5)을 지닌 자에게 성인의 도를 가르치기란 쉬운 일이라네. 그에게 조심스럽게 도를 가르쳤는데, 3일이 지나자 그는 인간 세상을 잊을 수 있었네. 세상사를 잊게 된 뒤 다시 지키고 앉아 그를 가르쳤더니 7일이 지나자 모든 외물을 잊게 되었네. 모든 외물을 잊게 된 뒤 또다시 지키고 앉아 그를 가르쳤더니 9일 후에는 자신의 존재마저 잊게 되었다네. 자신의 존재를 잊게 되자 마음이 평안해지고 떠오르는 태양처럼 모든 것을 환히 꿰뚫어 볼 수 있게 되었지. 그렇게 되자 결코 기다리는 법이 없는 '도'를 능히 느낄 수 있게 되었고, 그다음에는 과거와 현재라는 시간의 굴레를 초월할 수 있게 되었네. 시간의 변화를 초월하게 된 후에는 삶과 죽음에 연연하지 않는 경지에 이르렀지. 무릇 삶을 죽이는 이는 죽지 않고, 삶을 살리려는 이는 살지 못하는 법이라네. 이렇듯 성인의 도는 보내지 않는 것도 없고 받아들이지 않는 것도 없으며, 또 헐어버리지 않는 것도 없고 이룩하지 않는 것도 없지. 이를 '영녕攖寧'이라 부른다네. 외물은 사람을 어지럽게 만들지만, 깨달음을 지닌 사람은 혼란 속에서도 철저한 안정을 얻고 자신의 깨달음을 더욱 크게 확장시킬 수

---

5) 여기서 '성인이 될 만한 재능'이란 보통 우리가 말하는 지혜와는 다른 의미다. 지혜는 깨달음과 도성, 즉 사람의 자질을 의미하는 전체적인 개념이다. 하지만 재능은 겉으로 드러나 남에게 호감을 주는, 더 나아가 감탄시키는 부분을 의미한다. 때로는 기술적인 재주를 가리킬 수도 있고, 특정한 전문 분야에서 완성된 능력을 의미할 수도 있으며, 아니면 재료나 수단을 일컫는 말일 수도 있다. 실용주의적 관점에서 보면 황제나 군왕, 상사가 주로 사용하는 지적 능력을 의미할 것이다. 그런데 여기에는 기억력, 이해력 상상력 등은 포함되지만, 지혜나 혜안 같은 것들은 포함되지 않는다. 그것들은 이미 사람의 능력이 아니라 자질, 운명 등으로 여겨지기 때문이다. - 《나는 장자다》 p391 (왕멍 저, 허유영 역, 들녘, 2011) (일부 인용 - 옮긴이)

있지. 즉 영녕이란 어지럽힌 뒤에 평온하게 하는 것을 의미한다네."

양생의 핵심은 마음의 수양에 있다. 마음의 수양은 건강하고 젊게 살기 위해 갖추어야 할 가장 중요한 조건이다. 옛 사람들은 양생을 위해 다음과 같은 6가지 마음을 기를 것을 강조했다.

첫째, 정심正心. 도의심道義心, 즉 사람이 마땅히 지켜야 할 도덕적 의리를 소중히 여기는 마음을 말한다. 흔히, '어진 덕을 지닌 사람이 오래 산다'고 한다.

둘째, 정심靜心. '담박한 마음으로 뜻을 밝히고, 편안하고 고요한 마음으로 멀리 내다보라'[6]라는 말처럼 고매한 경지에 이른 상태를 말한다. 명나라 때 《양생사요養生四要》라는 책에서는 이에 대해 이렇게 말했다. "마음을 항상 청정하게 하면 정신이 안정되고, 정신이 안정되면 마음과 정신이 모두 안정되므로, 이 같은 양생의 도를 깨달으면 장수하며 세상을 떠나도 위태로움이 없다."[7]

셋째, 청심淸心. 외부의 간섭이나 자극에 상처받지 않으며, 끈기를 가지고 진지하게 전념할 수 있는 마음을 말한다. 시인 백거이白居易는 청심을 다음과 같이 표현했다. "하나뿐인 몸을 잘 돌보려면, 돈과 권력에 따라 달라지는 세속의 염량세태로부터 가능한 한 자신의 마음이 좌우되지 않도록 해야 한다."[8]

---

6) 淡泊以明志, 寧靜而致遠. 제갈공명이 아들에게 남긴 〈계자서誡子書〉 중
7) 心常淸靜則神安, 神安則精神皆安, 明此养生則养, 沒世不殆.

넷째, 관심寬心. 도량이 넓으면, 그 삶의 세계 역시 넓기 마련이다. 《예기》「대학편」에서는 이렇게 말했다. "재물은 집안을 윤택하게 하고 덕은 몸을 윤택하게 하므로, 마음이 너그러우면 몸이 편안해진다."[9]

다섯째, 인심忍心. 인내심은 상처받거나 문란한 심리상태를 견뎌내고 치유하는 역할을 한다. 그러므로 이는 모든 마음의 기본바탕이 되어야 하는 마음이다. 그래서 중국 의학에서는 '화를 내거나 스트레스를 받으면 간肝이 상한다', '화를 많이 내면 전신의 맥이 안정을 잃는다', '기氣가 역상하여 순환이 원활하지 못하면 몸을 상하게 할 수 있다'라고 말한다. 시인 육유陸游 역시 "세속의 쓸데없는 분노나 욕심일랑 모두 쓸어버리고"[10]라고 읊었다. 인내하면 맥이 원활하게 통하게 되며, 마음의 즐거움이 오래도록 지속된다.

여섯째, 조심操心. 사람은 아무 일도 하지 않으면서 풍족하게 살 수는 없다. 명나라 때의 양생가 여곤呂坤은 《신음어呻吟語》에서 이렇게 적고 있다. "사람은 항상 몸과 마음, 머리를 끊임없이 움직여야 한다. 머리와 마음은 쓸수록 맑아지고, 몸은 움직일수록 건강해진다. 다만 지나치면 안 된다."[11] 적당한 근심 걱정은 오히려 건강에 도움이 된다. 화타華佗가 '사람이 건강을 유지하려면 노동을 해야 하지만, 지나치면 부족함만 못하다'[12]라고 한 것과 같은 이치다.

---

8) 只有一身宜愛護, 少敎冰碳 逼心神. 백거이의 〈도덕경을 읽고(讀道德經)〉 중
9) 富潤屋, 德潤身, 心廣體胖.
10) 掃盡世間閑忿欲. 육유의 시 〈병중견회病中遺懷〉 중
11) 心要常操, 身要常勞, 心愈操愈明, 身愈勞愈健, 但自不可過耳.

오늘날 현대인들은 더 행복한 삶을 추구하기 위해 거대한 생존 스트레스와 맞서며 살아가고 있다. 이런 때에 옛 사람들이 몸과 마음을 수양했던 양생과 양심養心의 비결을 배워보는 것은 어떨까? 《장자》의 우화 속 여우가 영원한 젊음을 유지했던 비결을 배워보는 것은 어떨까?

---

12) 人欲得勞動, 但不當使其耳.

활개숙의 혹

○ **지리숙과** 활개숙이 명백의 언덕과 곤륜산의 광야를 유람하기로 했다. 이곳은 황

제가 머물던 곳이었다. 그런데 갑자기 활개숙의 왼쪽 팔꿈치에 혹이 생겼다. 그는 마음

속으로 놀라면서 언짢게 생각하는 듯했다. 지리숙이 말했다. "자네는 그것이 언짢은가?"

활개숙이 대답했다. "아닐세. 내가 어찌 이 혹을 싫어하겠는가! 무언가가 생겨나려면 다

른 것에 의지해야만 하네. 무엇이건 외물의 힘을 빌려야 생겨나게 되지. 그러니 이 혹처

럼 무언가가 생겨났다는 것은 먼지나 때가 묻는 것과 같고, 사람이 죽고 사는 것은 밤과

낮이 계속해서 반복되는 것처럼 지극히 자연스러운 일이네. 나와 자네는 그런 변화를 보

고 있었는데, 마침 그 변화가 나에게 미친 것이네. 내 어찌 싫어하겠는가!"

– 《장자》「지락편」

지리숙支離叔과 활개숙滑介叔이라는 두 은사隱士가 함께 유람에 나서기로 했다. 그들은 원래 해남海南이나 신마태新馬泰[1]처럼 대중적인 관광 명소보다는 역사가 깃든 명승고적지를 즐겨 찾았다. 한참을 고민하던 그들은 결국 인적이 드문 명백冥伯의 언덕과 곤륜산崑崙山 앞의 광야를 유람하기로 했다. 그들이 이곳을 선택한 이유는 간단했다. 그곳에 황제黃帝[2]가 휴양을 즐겼다는 전설이 전해지고 있었기 때문이다. 사실, 이 두 은사는 이미 역대 저명한 양생가들의 팔괘八卦에 관한 사적을 통달하고 장수의 비결 찾기에 전념하고 있던 이들이었다. 그렇다 보니 그 장소에 얽힌 전설을 듣고 귀가 솔깃했음이 당연했다. 그들은 분명 그곳이 푸른 물결이 출렁이고 녹음이 우거져 절경일 것이라고 생각했다. 또한 그토록 장수를 누렸던 황제가 휴양을 즐겼을 정

---

1) 중국인의 휴가지로 인기 있는 싱가포르, 말레이시아, 태국의 3개 나라를 말한다.
2) 중국 고대 전설 중의 제왕이다. 그는 양생의 명가였다고도 전해진다. 그의 거작 《황제내경黃帝內經》은 후세에 널리 알려진 의서로 유명하다. 전설에 의하면 황제는 양생의 이치에 정통하여 111세까지 살았다고 한다.

도라면, 분명 공기까지도 남다를 거라고 생각했다.

둘은 행복한 기대를 품고 밤낮으로 발길을 재촉하여 마침내 황제가 휴양했던 명승지에 도착했다. 그곳은 예상대로 물 맑고 공기가 좋을 뿐만 아니라, 녹음이 우거져 절경을 이루고 있었다. 그 경치만으로도 그곳에 머무른 황제가 대단한 안목의 소유자였음을 짐작할 수 있었다. 그들은 이야기를 나누며 함께 그곳을 거닐었는데, 그것만으로도 절로 흥이 날 정도였다. 그런데 갑자기 활개숙의 왼쪽 팔꿈치에 무언가가 생겨났다. 그것은 아프지도 가렵지도 않았지만 유난히 눈에 거슬렸다. 멀쩡하던 팔꿈치에 갑자기 보기 흉한 혹이 생기자, 본래 겉모습을 꾸미기 좋아했던 활개숙은 매우 언짢아졌다. 계속해서 팔꿈치를 들어 힐끗거리던 그의 얼굴에는 혐오스러움이 역력히 드러났다.

두 눈으로 직접 활개숙의 혹을 확인한 지리숙이 물었다. "자네, 보아하니 이 혹을 상당히 싫어하는 것 같군."

이에 활개숙이 정색하며 말했다. "아닐세. 내가 어찌 이 혹을 싫어하겠는가! 무언가가 생겨나려면 다른 것에 의지해야만 하네. 무엇이건 외물의 힘을 빌려야 생겨나게 되지. 그러니 이 혹처럼 무언가가 생겨났다는 것은 먼지나 때가 묻는 것과 같고, 사람이 죽고 사는 것은 밤과 낮이 계속해서 반복되는 것처럼 지극히 자연스러운 일이네. 우리가 당초 이곳을 찾은 목적 역시 이 같은 대자연의 변화를 감상하고 인생의 도리를 깨닫기 위함이었지 않나! 내 팔꿈치에 생긴 이 혹이 큰 나무에서 자라난 곁가지와 무엇이 다르겠는가. 나무에서 자라난 곁가지를 보고는 아무렇지도 않게 태연했는데, 이제 그 같은 일이 나에게 생겼다고 내 어찌 싫어하겠는가. 걱정하지 말게. 이 혹 때문에 유람을 망치는 일은 없을 것이네."

사람들은 보통 다른 사람의 삶과 죽음을 보며 감상에 젖을 때가 많다. 장자는 이런 이들을 어리석다고 생각했다. 탄생이 있으면 자연히 죽음도 있고, 먼지가 굳어져 돌이 되고, 돌은 다시 산봉우리의 바위가 되기 마련이다. 그러므로 몸에 무언가가 생긴다고 해도 그것을 피할 수는 없다. 사람들은 외물의 변화에는 태연할 수 있지만, 정작 그 변화가 자신에게 닥치면 그러지 못한다. 남의 일이라고 방관하고 있을 때의 여유로움은 사라지고, 근심 걱정이 머릿속을 가득 채우게 된다. 평정심이나 이성을 한 번 잃게 되면, 그 후로 자신과 관련되어 발생하는 모든 일을 왜곡해서 받아들이게 된다. 예를 들어, 누군가 당신에게 정말 진심으로 관심을 표현한다고 해도 당신은 분명 상대에게 다른 속셈이 있다고 생각한다. 또 반대로 상대는 정말 어쩌다 실수로 피해를 준 것뿐인데, 당신은 이를 고의적인 행동으로 의심한다. 이런 생각들은 결국 문제를 더욱 복잡하게 만들 뿐만 아니라, 정신적 스트레스를 더할 뿐이다.

사람들은 자신의 감정을 자연에 투영시킨다. 그러나 장자는 감당하기 어려운 고통의 감정을 자연의 무정無情함에 기대어 묻어버리려 했다. 즉 그는 우리가 느끼는 모든 감정의 변화는 자연현상 때문이 아니라, 우리 자신의 마음 때문이라고 보았다. 영혼과 이성이 육체로부터 벗어난 상태에서 자신의 육체를 바라본다면, 이때도 과연 슬픔이나 고통을 느낄까? 사실, 이 세상에 근심 걱정 따위는 존재하지 않는다. 모두 우리 스스로 만들어낸 것일 뿐이다.

병을 치료하려면 환자가 자신의 병을 인정하고 최대한 이른 시일 내에 치료를 시작하는 것도 중요하지만, 심리적 안정을 유지하는 것도 중요하다. 만일 환자가 무기력함이나 불안감에 휩싸인다면, 질병이 몸을 쓰러뜨리기 전에 부정적인 심리가 병을 더 악화시킬 것이다.

세월의 흐름을 지나치게 슬퍼할 필요도 없다. 늙어간다는 현실은 슬프지만, 달리 생각하면 이는 지극히 자연스러운 일일 뿐이다. 조화造花가 아닌 이상, 활짝 핀 꽃은 반드시 시들기 마련이다. 죽음이 없다면 생명의 가치를 어떻게 알 수 있겠는가? 아무리 큰 어려움이 닥쳐도 적극적으로 대처하려는 마음만 잃지 않는다면, 우리 영혼은 세상의 번뇌를 벗어나 자유를 누릴 수 있다.

활개숙은 처음 팔꿈치에 생긴 혹을 발견했을 때 일반 사람들과 마찬가지로 평정심을 잃고 하필 왜 자신에게 그런 일이 생긴 것인지를 기분 나빠했다. 그러나 막상 유람 길에 나서자, 그는 곧 자신의 몸에 생긴 변화를 담담하게 받아들였을 뿐만 아니라, 도道에 대해서까지 말할 수 있게 되었다.

우리가 살고 있는 세상에는 깨달음을 얻은 극소수의 사람보다 외부 사물에 번민하는 보통 사람들이 훨씬 많다. 그래서 남들의 이목에 신경 쓰지 않고 자유롭게 사는 이들을 찾기란 쉽지 않다. 특히 오늘날 현대인들은 자신의 외모에 관한 평가에 민감하다. 이 같은 고민을 해결한다고 현대 과학은 성형이라는 신기술을 발명하기에 이르렀다. 그러자 평소 외모에 불만을 품어왔던 이들은 너도나도 성형이나 미용 시술 같은 온갖 수단을 동원하여 자신의 외모를 사회적인 미의 기준에 맞추려고 애쓰기 시작했다. 하지만 성형이 모든 문제를 해결해 줄 리 만무하다. 성형을 통해 자신감을 회복하거나 만족감을 얻는 경우도 있지만, 그렇지 못한 경우도 있다. 그리고 후자의 경우에는 성형을 하기 전보다 더 큰 좌절과 열등감에 빠지는 일도 있다. 성형을 통해 외모를 바꾸면 그 삶은 분명 전과 같지 않을지도 모른다. 그러나 자신의 운명을 근본적으로 바꾸고자 한다면 자신의 마음가짐을 바꾸는 것밖에는 없다.

▌어떤 정치인을 뽑아야 하는가

○ **남해의** 제왕을 숙이라 하고, 북해의 제왕을 홀, 중앙의 제왕을 혼돈이라 했다. 숙과

홀은 혼돈의 땅에서 자주 만났다. 혼돈은 항상 그들을 잘 대접해 주었고, 숙과 홀은 혼돈

의 대접에 보답하기로 했다. "사람은 모두 눈, 귀, 입, 코의 구멍 7개를 가지고 보고 듣고

먹고 숨 쉬는데, 혼돈에게는 그것이 하나도 없으니 우리가 그를 위해 구멍을 뚫어주도록

합시다." 그래서 그들은 하루에 1개씩 혼돈에게 구멍을 뚫어 주었고, 혼돈은 7일 만에 죽

고 말았다.

– 《장자》「응제왕편」

《장자》「응제왕편」에 다음과 같은 이야기가 있다. 남해南海의 제왕을 숙儵이라 하고, 북해北海의 제왕을 홀忽, 중앙의 제왕을 혼돈渾沌[1]이라 했다. 숙과 홀은 혼돈의 땅에서 자주 만났다. 혼돈은 항상 그들을 잘 대접해 주었고, 숙과 홀은 혼돈의 대접에 보답하기로 했다. "사람은 모두 눈, 귀, 입, 코의 구멍 7개를 가지고 보고 듣고 먹고 숨 쉬는데, 혼돈에게는 그것이 하나도 없으니 우리가 그를 위해 구멍을 뚫어주도록 합시다." 그래서 그들은 하루에 1개씩 혼돈에게 구멍을 뚫어 주었고, 혼돈은 7일 만에 죽고 말았다.

「응제왕편」에서 제왕帝王이란 세상을 다스리는 성인聖人을 뜻한다. 이는 중국 역사의식의 뿌리에 해당되는 개념으로, 여기에는 온 세상을 다스릴 정도의 인물이라면 당연히 도道를 겸비하고 있을 것이라는 생각이 담겨 있다.

----

1) 하얀 얼굴에 구멍이 하나도 없는 모습을 하고 있다.

「응제왕편」에는 장자의 정치철학이 담겨 있다. 장자는 세상 모든 존재의 기본원리를 '도道'라고 보았으며, 모든 존재는 하나로 될 수 있으므로 구분과 구별은 사실상 아무 의미도 없다고 했다. 그래서 그는 세상 모든 변화가 자연에서 시작된다고 보았으며, 인위적인 요소는 모두 외재적이고 부수적일 뿐이라고 보았다. 이 같은 생각을 바탕으로 그는 무위無爲의 통치를 주장했다. 이것이 바로 「응제왕편」의 핵심이다.

그렇다면 어떤 사람이 마땅히 '제왕'이 되어야 할까? 바로 자연의 순리와 민심에 따르며, 말 없는 가르침[2]을 실천하는 사람이다. 「응제왕편」은 대략 7개 부분으로 나눌 수 있다. 위 일화는 그중 7번째 부분에 해당하는데 혼돈이 인위적인 행동에 의해 본연의 모습을 잃고 죽음에 이르는 내용을 담고 있다. 장자는 이 이야기를 통해 정치가 가진 끝없는 폐해를 표현하고자 했다. 오늘날의 관점에서 생각하면, 이 이야기는 한 편의 짧은 블랙 코미디 같기도 하다. 이 일화를 간단히 설명하면 이렇다.

숙과 홀은 쓸데없이 일을 저지르고 다니는 말썽꾼들로 혼돈의 땅에서 자주 만났다. 그때마다 혼돈이 그들을 극진히 대접했기 주었기 때문에, 그들은 어떻게든 혼돈에게 고마움을 전하고 싶었다. 한참을 고민하던 그들은 사람들의 얼굴에는 구멍이 7개 있다는 사실을 떠올렸다. 눈, 귀, 코, 입의 구멍 덕분에 사람은 보고 듣고 숨 쉴 수 있으며,

---

2) 行不言之敎. 노자의 《도덕경》에 나오는 구절이다. 말 없는 가르침. 즉 말이 아닌 실천으로 가르침을 행한다는 말이다.

특히 입이 있어서 술을 마시고 음식을 먹을 수 있었다. 이 구멍 7개가 얼마나 소중한가! 그런데 혼돈에게는 구멍 하나 없는 백지장 같은 하얀 얼굴뿐이었으므로, 보는 것, 듣는 것, 숨 쉬는 것은 물론, 술을 마시고 음식을 먹는 것도 불가능한 일이었다.

아마도 인간과 마찬가지로 구멍 7개가 있는 신체구조를 가졌을 숙과 홀은 자기들 기준으로 혼돈의 처지를 판단하다 보니, 혼돈에게 아무런 삶의 낙이 없을 것이라 단정지어 버렸다. 그래서 그들은 평소 자신들을 잘 대접해준 혼돈의 호의에 고마움을 표시하고자 그의 몸에 구멍을 뚫어주기로 했다. 그렇게만 하면 혼돈 역시 인간 세상의 온갖 즐거움을 누릴 수 있을 것으로 믿어 의심치 않았다. 그렇게 생각한 이들에게 혼돈의 죽음은 전혀 예상치 못했던 이변이었다. 아이러니가 아닐 수 없다. 숙과 홀이 혼돈의 고마움에 보답하려는 좋은 의도로 선택한 일이 결국은 혼돈을 죽게 만들어버린 '구멍을 뚫는' 행동이었으니 말이다.

이 이야기에서 숙과 홀의 행동은 그 전제부터 잘못되었다. 우선, 혼돈에게는 본래 '구멍 7개'와 관련된 생리기능이 생길 가능성이 없었다. 그런데도 숙과 홀은 그의 얼굴에 구멍을 뚫어주는 쓸데없는 짓을 하고 말았다. 사람의 팔다리에 감지기관이 생길 리 없는 것과 마찬가지로 혼돈의 얼굴에는 영원히 감지기관이 생길 리가 없는데, 억지로 구멍을 7개나 뚫어 놓았으니 혼돈이 멀쩡할 턱이 있었을까? 그러므로 '구멍을 뚫는 것'과 같은 일을 하려는 사람이 있다면, 혹시 자신이 쓸데없이 일을 벌이고 있지는 않은지 좀 더 신중히 생각해 보아야 한다.

또한 설사 혼돈에게 감지기관이 생기는 날이 온다고 해도, 그것은 숙과 홀이 구멍을 뚫었을 때는 아니었다. 시기상조, 즉 혼돈에게 감지기관이 저절로 생길 때까지 기다려야만 했다. 숙과 홀은 혼돈에게 답례를 해야겠다는 마음만 앞서 적절한 때가 되지도 않은 일을 억지로 했다가 결국 긁어 부스럼만 냈다.

요컨대, 자기만 옳다고 생각하는 것, 자기기준으로 남을 판단하는 것, 자기 생각을 남에게 강요하는 것, 바로 이러한 행동 자체가 잘못이다.

죽음 또한 자연스러운 일이다

○ **장자의** 부인이 죽어 혜자가 문상을 갔다. 장자는 마침 두 다리를 뻗고 앉아 대야를 두드리며 노래를 부르고 있었다. 혜자가 말했다. "함께 살며 자식을 키우고 같이 늙어간 부인이 죽었는데 곡은 안 하고 대야를 두드리며 노래를 부르고 있다니 너무 심하지 않은 가?" 장자가 말했다. "그렇지 않네. 부인이 세상을 떠났는데 처음에는 나라고 어찌 슬프 지 않았겠는가? 그런데 부인이 태어나기 이전을 생각해 보니 본래 생명이란 없었던 것 이었네. 생명뿐 아니라 형체조차 없었으며, 형체만이 아니라 기운조차 없었던 것이지. 흐리멍덩한 사이에 섞여 있었으나, 그것이 변화하여 기운이 있게 되었고, 기운이 변화하 여 형체가 있게 되었으며, 형체가 변화하여 삶이 있게 되었던 것이네. 그런 아내가 다시 변해서 죽음이 된 것이지. 이는 춘하추동 사계절이 변하는 것과 같을 뿐이네. 그런데 누 군가 천지라는 거대한 방에 누워 잠을 자려 하는데 내가 소리를 지르며 곁에서 운다는 것은 천명을 모르는 것이라 생각했네. 그래서 곡을 그친 것이네."

- 《장자》 「지락편」

178

인생에서 삶과 죽음만큼 큰일은 없다. 석가모니는 삶의 번뇌에서 벗어나기 위한 깨우침을 얻지 못하자, 출가하여 산속에 은거했고 깨달음을 얻기 위한 고행에 정진했다. 그리고 마침내 보리수 아래에서 다음과 같은 삶과 죽음의 심오한 이치를 깨달았다. '세상 모든 것은 공허하다. 옳고 그름, 성공과 실패, 득과 실, 이것은 모두 인간 의식 속에 존재하는 환상의 그림자다.'

불가에서는 이렇게 말한다. "삶과 죽음을 다르게 생각하는 편견을 버린다면, 죽음에 대해 그토록 불안해하거나 고통스러워하는 일은 없을 것이다." 하지만 그것이 어디 말처럼 쉬운 일인가! 우리는 고통, 외로움, 가난, 병, 남보다 못한 연봉, 남보다 못한 외모, 지체 높은 처갓집 문턱, 공부 못하는 자식, 이 모든 것을 두려워하는 보통의 평범한 사람들이다. 우리는 남들이 누리는 기쁨, 행복, 그리고 그 밖의 모든 것을 부러워하고 자신의 것과 비교하면서 스스로를 괴롭힌다. 그리고 죽을 때까지 불안과 근심 걱정 속에서 살아간다.

우리는 무엇을 위해 이토록 피곤한 삶을 살고 있는 것일까? 사람들은 대부분 삶과 죽음에 관한 문제를 직시하고 싶어 하지 않는다. 그래서 삶과 죽음의 문제를 똑바로 응시하고 의연한 자세로 평온하게 죽음을 맞이하는 사람은 극히 드물다. 오늘날 현대 의학은 눈부신 발전을 이루었지만, 여전히 많은 이들이 질병으로 고통 받고 있다. 암환자들은 암이라는 질병과 죽음에 대한 공포 때문에 육체적, 정신적인 이중고에 시달린다. 그들 사이에서는 '암으로 죽는 것이 아니라, 자기 병명을 듣고 놀라 죽는다'라는 말이 있을 정도다.

삶과 죽음은 인생에서 가장 중요한 문제인 동시에 가장 회피하고 싶은 문제이기도 하다. 공자는 이렇게 말했다. "삶을 모르는데 어찌 죽음을 알겠는가."[1] 이 말을 들은 장자가 입을 삐죽거리며 이렇게 말했다. "자네는 아직 멀었네. 죽음을 모르는데 어찌 삶을 알겠는가?"[2]

학창시절 동기의 문상을 간 적이 있다. "애야, 슬퍼하지 말거라." 고인이 된 친구의 어머니는 그 말을 되풀이하면서 하염없이 눈물을 흘리셨다. 문상을 온 다른 동기들도 모두 함께 눈물을 흘렸다. 외로운 황천길에 친구도 가족도 없이 외롭고 두려울 텐데 차라리 맹파탕孟婆湯[3]이나 마시고 전생의 기억일랑 모두 잊었으면 했다.

장자는 죽음을 슬퍼하는 사람들을 향해 웃으며 이렇게 말했다. "세

---

1) 不知生, 焉知死.
2) 不知死, 焉知生.
3) 중국 전설에 따르면, 황천길에서 맹파가 팔고 있다는 탕이다. 이 탕을 마시면, 죽기 전의 삶의 기억을 모두 잊게 된다고 한다.

상에 태어나서 죽기까지 무사히 윤회 한 번을 끝마쳤는데, 기뻐해 주는 것이 당연하지 않은가!"

문상을 다녀온 뒤 며칠 간 나는 우울한 기분에서 벗어나지 못했다. 문득 내가 어느 날 갑자기 교통사고를 당하거나 불치병에 걸려 죽을지도 모른다는 생각이 들면서 아직 가보지 못한 곳, 하지 못한 일, 이루지 못한 꿈, 이런 것들이 계속해서 머릿속을 맴돌았기 때문이다. 장자는 나와 같은 생각을 하는 이들을 향해 이렇게 말했다. "사람은 언젠가 한 번은 반드시 죽지만, 욕심에는 끝이 없네. 유한한 것으로 무한한 것을 추구하려고 하니, 사서 고생하는 격이 아닌가. 어리석군, 어리석어!"

보통 사람들은 인간의 삶을 탄생에서 죽음까지 직선으로 쭉 뻗은 일방통행로라고 생각한다. 그러나 속세를 초월했던 장자는 인간의 삶을 무無에서 유有가 생겨나고, 유에서 무로 다시 되돌아가는 순환의 과정으로 보았다. 그는 생전의 삶이 어떠했든 간에 자연의 순회를 거쳐 삶을 한 차례 무사히 완주했다는 것만으로도 살아 있는 자나 죽은 자 모두에게 좋은 일이라고 생각했다. 그래서 그는 평생을 함께 살며 자식을 낳고 키운 아내가 죽었을 때조차 대야를 두드리며 노래를 불렀다. 영문을 알 리 없는 혜시는 그런 장자를 나무랐다. "자네는 사람이 어찌 그런가? 아내가 죽었는데 노래를 부르며 기뻐하다니. 자넨 양심도 없는가?" 장자는 태연한 태도로 말했다. "아내가 막 세상을 떠났을 때에는 나 역시 소리 내어 통곡했네. 그런데 생각해보니 아내는 마땅히 가야 할 곳으로 돌아간 것뿐이네. 이제 아내는 대자연과 하나가 되어 다시는 번잡한 세상일이나 이 늙은이 걱정으로 노심초사할 일도 없지 않겠는가? 아내가 세속의 번뇌를 벗어났으니 당연히 기뻐해야 하지 않겠는가!"

부인이 막 세상을 떠났을 때에는 장자 역시 평정심을 잃고 눈물을 흘리며 통곡했다. 이것이 보통 세상 사람들이 반응이다. 서로 피맺힌 원한이 있다거나 배우자가 빨리 죽기만을 바라는 부부 사이가 아닌한, 반려자를 잃는 일은 매우 고통스러운 경험이다. 열렬히 사랑하는 연인 사이인 경우에는 둘 중 한 사람의 죽음이 나머지 한 사람까지도 죽음으로 이끌기도 한다. 원호문元好問[4]은 이렇게 말했다. "세상 사람들에게 묻노니, 정情이 대체 무엇이 길래, 그것을 위해 목숨마저 내걸게 하는가?"[5]

장자는 사랑하는 사람의 죽음에 자신마저도 내던질 듯 애달파하는 이들을 보며 냉담한 태도로 이렇게 말했다. "모두가 어리석다. 삶과 죽음은 다만 원점에서 원점으로 돌아가는 것뿐인데, 구태여 그렇게 격한 감정을 드러내야만 할까? 죽음은 매일 아침 해가 떠오르고 계절이 바뀌는 것처럼 자연스러운 일이고, 또 결코 피할 수도 없는 일이다. 태양이 동쪽에서 떠서 서쪽으로 지는 것을 태연히 바라보고 계절의 변화는 웃으며 받아들이면서, 이 같은 자연스러운 변화가 자신에게 일어나면 어째서 평정심을 잃고 긴장하는가?"

---

4) 중국 금나라 때의 시인이다. 두보의 시에 조예가 깊어 그의 작품은 두보의 시구를 요령 있게 이용해 때로는 두보의 시를 능가하는 중후함을 보였다고 한다.
5) 問世間情爲何物. 直教人生死相許. 원호문의 《모어아摸魚儿》 중

장자의 인생철학은 외물에 얽매이지 않고 자유롭고 편안하게 사는 것이다. 우리가 감당할 수 있는 삶의 무게에는 한계가 있다. 그러므로 이미 지난 일에 대한 미련이나 후회로 삶을 망쳐서는 안 된다.

그렇다면 이러한 심리적 부담들은 어떻게 해야 떨쳐낼 수 있을까? 장자는 매우 간단하다고 했다. 망정忘情, 즉 감정에 따라 행동하지 않으면 된다고 했다. 그러나 그것이 어디 말처럼 쉬운가? 대단한 지혜를 지녔거나 생사의 고통을 경험한 사람, 아예 인정머리가 없는 사람이 아닌 이상, 평범한 사람이 그렇게 대범하기란 결코 쉽지 않다.

장자가 말한 '망정'이란 더 이상 견딜 수 없을 정도로 고통이 극한에 이르렀을 때, 영혼이 찾아낸 해탈과 위안의 방법이다. "슬픔 중에 마음이 죽는 것처럼 슬픈 일은 없다."[6] 여기서 마음이 죽는다는 것은 심장이 멈추는 육체적 죽음을 의미하는 것이 아니다. 바로 행복이나 희망을 추구할 용기마저 잃는 정신적 절망의 상태를 말한다. 창양자추어(仓央嘉措)[7]는 사랑하는 사람과 이별한 후 다음과 같은 시를 지었다.[8]

차라리 만나지 말았더라면 좋았을 것을
그랬다면 사랑하는 일은 없었을 텐데
차라리 알지 못했더라면 좋았을 것을

---

6) 哀莫大於心死.
7) 티베트의 유명한 시인이자, 6대 달라이 라마
8) 第一不如不相見 如此便可不相戀 第二不如不相知 如此便可不相思 第三不如不相伴 如此便可不相欠
《십계시十戒詩》 중

그랬다면 서로 그리워하는 일도 없었을 텐데

차라리 함께 하지 않았더라면 좋았을 것을

그랬다면 서로 빚지는 일도 없었을 텐데

잊을 것은 잊어라. 과거를 묻지 않는다면 어떻게 새로운 오늘을 시작하겠는가? 감정적으로 행동하지 말라. 살아 있다고 기뻐할 것도, 죽는다고 슬퍼할 것도 없다. 장자는 이렇게 말했다. "세상 만물의 본질은 모두 동일하다. 결국 삶과 죽음에도 다를 것이 없다."

사람들은 저마다 자신의 필요에 의해 만물을 구분 지을 뿐이다. 바라는 바가 클수록 실망 역시 큰 법이다. 다른 사람이 당신이 보물로 여기며 애지중지하던 물건을 돌멩이라고 여기면, 당연히 이 같은 현실을 받아들이기 어려울 것이다. 그저 계속 보물이라고 여기도록 자기최면을 걸 수밖에 없다. 그런데 달리 생각하면, 보물과 돌멩이가 무엇이 다른가? 그것을 구성하고 있는 원소의 숫자 차이에 불과할 뿐이다. 그렇다면 구태여 그것을 못 잊고 항상 마음에 두어야 할 필요가 있을까?

감정, 삶, 죽음은 본래 모두 지극히 자연스러운 일들이다. 깊이 사랑한다면 그 열렬한 사랑의 감정을 즐기면 되고, 설령 연인이 배신한다고 해도 그 상처를 고스란히 마음에 담아 둘 필요는 없다. 만남이 있으면 헤어짐도 있는 것이 자연의 이치다. 사람의 만남과 헤어짐 역시 계절의 변화와 마찬가지로 지극히 당연하고 자연스러운 일이다. 생로병사나 만남과 헤어짐, 이런 일들을 자연현상처럼 대해 보라. 감정에 지나치게 연연하지 않는다면, 이 모든 일이 즐겁지 않을까!

어떤 사람의 됨됨이를 알아보고자 한다면, 그가 자기 자신을 대할 때와 남을 대할 때 동일한 기준을 적용하고 있는지 보면 된다. 예를 들어 장자가 아내가 죽었을 때는 냉정하고 태연하게 행동했으면서, 자신의 죽음을 앞두고는 두려워 어찌할 줄 모르며 평정심을 잃었다면 어떨까? 그렇다면 그는 무정한 남편에 지나지 않았을 것이다. 그러나 장자는 아내의 죽음을 대할 때와 마찬가지로 자신의 죽음 앞에서도 의연함을 잃지 않았다.

《장자》「열어구편」에는 다음과 같은 일화가 있다.

장자가 죽음을 앞두자, 제자들이 후하게 장례를 지내려 했다. 그러자 장자는 이렇게 말했다. "하늘과 땅이 내 관이고 해와 달이 내 그릇이며, 별들이 내 구슬이다. 만물이 나를 받아들이는데, 어찌 내가 장례도구를 갖추지 못했다고 하겠느냐? 여기에 무엇을 더 준비하겠느냐!" 제자들이 말했다. "저희는 까마귀와 솔개가 스승님의 시신을 훼손할까 봐 두렵습니다." 장자가 말했다. "땅 위에 있으면 까마귀와 솔개의 밥이 될 것이고, 땅 아래에 묻히면 땅강아지와 개미의 밥이 될 것인데, 무슨 차이가 있겠느냐?"

3

외발로 살면
또 어떤가

공문헌이 우사를 보고 놀라며 물었다.

"아니, 이게 어찌 된 일인가? 어째서 외발이 되었단 말인가,

하늘 탓인가 아니면 사람 탓인가." 우사는 아주 담담하게 대답했다.

"하늘 탓이네. 사람 탓이 아니네. 하늘이 나를 외발로 만들었네.

사람의 겉모습은 모두 하늘의 뜻에 따라 정해지는 것일세.

그러니 내 외발은 하늘 탓이지 사람 탓이 아니네."

외발이면 어떤가. 행복과 불행은 절대 외부환경의 좋고 나쁨에 따라

정해지지 않는다. 우사는 이미 오래전부터 이 사실을 알고 있었다.

그는 비록 외발이었지만 그 누구보다 온전한 정신을 갖고 있었다.

못생겨도 사랑받았던 부인의 비결

양자가 송나라에 갔다가 객잔에 머문 일이 있었다. 그 객잔의 주인에게는 부인이

둘 있었는데, 그 두 사람의 외모가 극과 극이었다. 그런데 어찌 된 영문인지 이 객잔의

사람들은 오히려 못생긴 안주인을 좋아하고 존중하며, 아름다운 안주인은 무시하고 말

하기조차 꺼렸다. 이를 기이하게 여긴 양자가 점원에게 그 이유를 묻자, 점원은 이렇게

대답했다. "미인이면 뭐합니까? 자신이 미인인 것을 믿고 오만방자하게 행동하고 다른

사람은 안중에도 없는데. 그러니 다들 싫어할 수밖에요." 자초지종을 들은 양자는 제자

들에게 이렇게 말했다. "자신의 품행이 어질지라도 스스로 품행이 어질다는 생각을 버

려라! 그러면 어디를 간들 사랑받지 않겠느냐?"

– 《장자》「산목편」

《장자》「산목편」에는 다음과 같은 일화가 있다. 중국 춘추시대 때, 진나라에 양자陽子라고 하는 총명한 사람이 있었다. 한 번은 그가 송나라에 갔다가 객잔에 머문 일이 있었다. 그 객잔의 주인에게는 부인이 둘 있었는데, 그 두 사람의 외모가 극과 극이었다. 보통 사람들은 미인에게 더 잘해 주고 추녀는 싫어하고 무시하기 마련인데, 어찌 된 영문인지 이 객잔의 사람들은 오히려 못생긴 안주인을 좋아하고 존중하고, 아름다운 안주인은 무시하고 말하기조차 꺼렸다. 이를 기이하게 여긴 양자가 점원에게 물었다. "이 객잔의 사람들은 어째서 저토록 아름다운 안주인을 천대하는가?" 점원이 말했다. "미인이면 뭐합니까? 자신이 미인인 것을 믿고 오만방자하게 행동하고 다른 사람은 안중에도 없는데. 그러니 다들 싫어할 수밖에요."

이에 호기심이 발동한 양자가 다시 물었다. "그럼, 못생긴 안주인을 더 섬기고 좋아하는 것은 또 무슨 까닭인가?"

"그렇게 좋은 분은 세상에 또 없을 겁니다." 점원이 엄지손가락을 치켜세우며 말했다. "처음에는 저희 모두 그 겉모습만 보고 꺼렸지요.

그런데 시간이 지나면서 전에는 미처 몰랐던 그분의 인자함과 상냥함, 진실함, 겸손함, 관대함, 그리고 남들을 배려하는 따뜻한 마음들을 알게 되었지요. 지금은 그분이 정겹고 좋은 분이라는 생각만 들 뿐, 못생긴 외모는 의식조차 하지 않게 되었습니다. 다른 이들 역시 마찬가지 이유로 그분을 존경하고 있을 겁니다."

"아, 그런 이유가 있었구나!" 자초지종을 들은 양자는 제자들에게 이렇게 말했다. "너희도 명심하거라! 자신의 품행이 어질지라도 스스로 품행이 어질다는 생각을 버려라! 그러면 어디를 간들 사랑받지 않겠느냐?"

내적 아름다움을 갖춘 사람은 그 겉모습이 아름답지 않더라도 사람들의 사랑과 존경을 받을 수 있다. 하지만 현실세계에서는 눈에 보이는 외적 아름다움만을 중시하고, 정작 중요한 내적 아름다움을 소홀히 할 때가 많다. 옷차림이나 화장을 중시하고, 어떻게 하면 코를 세울까, 속눈썹을 연장할까 등 외모를 가꾸기 위해 별별 생각을 다 한다. 그러나 겉으로 보이는 모습이 전부가 아니다.

옛날 인도에 문수보살을 섬기는 마을이 있었다. 그곳 사람들은 문수보살상을 만들고 싶어 했지만, 문수보살의 모습을 알 길이 없었다. 이때, 마을 사람 하나가 나서서 문수보살은 지혜롭고 잘생긴 청년의 모습이 틀림없다면서 준수한 외모를 가진 청년을 모델 삼아 보살상을 만들자고 제안했다. 마을 사람들 모두가 그 의견에 찬성했다. 이에 사람들은 잘생긴 청년을 선발하여 그를 본뜬 문수보살상을 완성했고, 보살의 모델이 되었던 청년은 그 대가로 거액을 받고는 크게 기뻐하며 돌아갔다.

그로부터 2, 3년이 지난 후, 그곳에서 멀지 않은 한 마을에서 야차
夜叉[1]를 수호신으로 섬기는 이들이 생겨났다. 그들은 야차상을 만들고 싶어 했지만 역시나 야차의 모습을 아는 이가 있을 턱이 없었다. 이때, 어떤 사람이 야차는 귀신이므로 분명 추하게 생겼을 것이라며 감옥에서 가장 추하게 생긴 범죄자의 모습을 본떠 야차상을 만들자고 제안했다. 사람들이 모두 그의 제안에 찬성했다. 이렇게 해서 그들은 감옥에서 가장 추하게 생긴 범죄자를 모델로 삼아 야차상을 만들었다. 야차상이 완성되자, 사람들은 모델이 되어준 범죄자에게 보수를 주었다. 그런데 돈을 받아든 범죄자가 돌연 대성통곡을 하기 시작했다. 사람들이 그 영문을 묻자 그가 대답했다.

"2, 3년 전만 해도 내 모습이 이렇지는 않았지요. 사람들이 나를 모델로 문수보살상을 만들 정도였으니까요. 그때 받은 상금으로 부자가 된 나는 매일같이 술과 여자, 도박에 빠져 살았고, 그러다 돈이 바닥나 살길이 막막해지자 도둑질을 하게 되었지요. 나쁜 짓을 많이 저지르면 끝내는 벌을 받게 된다더니 옛말이 틀린 게 하나 없네요. 도둑질을 하다 감옥에 가게 되었는데 그곳에서 온갖 모진 고통을 겪다 보니 예전의 모습은 온데간데없이 사라지고 지금의 모습으로 변해버렸지

---

1) 인도의 《베다》에 나오는 신적 존재다. 고대 인도에서는 악신으로 생각되었으나, 불교에서는 사람을 도와 이익을 주며 불법을 수호하는 신을 가리킨다. 공양을 잘하는 사람에게는 재물을 주거나 아이를 갖게 하는 힘을 가지고 있다.

요. 이 모양 이 꼴이 된 것은 모두 돈 때문이에요! 지금 이 돈을 받고 나니 예전 일이 떠올라 후회와 부끄러움에 몸 둘 바를 몰라 통곡하는 겁니다!"

아름다움을 좋아하고 추구하는 것은 인간의 본성이다. 그런데 인간 사회가 발전하고 복잡해지면서 언제부터인가 내적 아름다움보다는 외적 아름다움을 중시하기 시작했다. 이목구비가 뚜렷하고 행동이 고상한 사람을 가리켜, 잘생겼다, 아름답다 혹은 예쁘다고 말한다. 이러한 외적 아름다움은 다른 이들의 환심을 사기에는 좋을지 모르지만, 한 인간의 됨됨이를 설명하기엔 부족하다. 인간의 가장 중요한 특징은 바로 덕성德性, 즉 자애로움, 진실성, 겸손, 관대함 등과 같은 내적 아름다움이다. 외형만 아름다울 뿐 내적 아름다움을 갖추지 못했다면, 사실상 옥에 티나 마찬가지다.

▌외발인 우사는 행복했을까

○ **공문헌이** 우사를 보고 놀라서 물었다. "아니, 이게 어찌 된 일인가? 어째서 외발이 되었단 말인가. 하늘 탓인가 아니면 사람 탓인가." 우사는 아주 담담하게 대답했다. "하늘 탓이네. 사람 탓이 아니네. 하늘이 나를 외발로 만들었네. 사람의 겉모습은 모두 하늘의 뜻에 따라 정해지는 것일세. 그러니 내 외발은 하늘 탓이지 사람 탓이 아니네."

– 《장자》「양생주편」

사람은 행복을 추구한다. 즐거운 인생이란 그 무엇과도 비교할 수 없는 인생의 최고 목표다. 현실세계에서 고통이 사라졌던 적은 단 한 순간도 없었다. 그럼에도 인류는 줄곧 행복이라는 이상을 추구하며 진화와 발전을 거듭했다. 장자 역시 이를 토대로 자신의 사상을 발전시켰다. 그는 아름다움과 추함, 부유함과 가난, 온전한 사지육신 같은 외부적 조건에 관계없이 사람은 자연의 순리에 따르는 삶을 살아야 하며, 이를 통해 각자 타고난 능력을 충분히 발휘하여 마음의 평화와 즐거움을 누려야 한다고 보았다. 《장자》「양주편」에는 다음과 같은 대화가 있다.

공문헌公文軒이 우사右師를 보고 놀라서 물었다. "아니, 이게 어찌 된 일인가? 어째서 외발이 되었단 말인가, 하늘 탓인가 아니면 사람 탓인가." 우사는 아주 담담하게 대답했다. "하늘 탓이네. 사람 탓이 아니네. 하늘이 나를 외발로 만들었네. 사람의 겉모습은 모두 하늘의 뜻에 따라 정해지는 것일세. 그러니 내 외발은 하늘 탓이지 사람 탓이 아니네."

사람은 자연의 순리를 겸허히 받아들여야 한다. 못가에 사는 꿩은 열 발자국 걸어야 한 번 쪼아댈 먹이를 찾을 수 있고, 또다시 백 발자국은 걸어야 한 번 마실 물을 찾을 수 있다. 그러나 이런 고된 삶이라도 울타리 안에 갇혀 사육되는 것보다는 낫다. 울타리 안에서 사육되는 꿩은 먹이를 찾아 헤매지 않아도 되지만 야생에서의 자유로운 삶을 누릴 수는 없다. 그래서 제아무리 풍족하고 기력이 왕성해도 그 삶이 행복하다고는 할 수 없다.

행복과 불행은 절대 외부환경의 좋고 나쁨에 따라 정해지지 않는다. 외형적으로 좋은 조건은 기껏해야 행복의 객관적 조건에 불과하다. 또 배경이 나쁘다고 사람이 다 불행해지는 것도 아니다. 행복은 욕심을 비워 마음을 깨끗이 하는 것과 훌륭한 삶의 의식을 갖추는 것, 이 두 가지 요건으로 결정된다. 이 두 가지 요건을 갖추면, 어떤 역경에도 삶이 행복할 수 있는 이유를 찾을 수 있다.

맑고 깨끗한 마음을 지닌 사람은 자신에게 주어진 자연적 변화와 규율을 겸허히 받아들이고 이를 따를 것이다. 외발이면 어떤가. 우사는 이미 오래전부터 그 현실을 겸허히 받아들이고 있었다. 신체적 장애가 정신적 완전함에 영향을 줄 수는 없다. 진정한 아름다움이란 외형이 아니라 정신에 깃들기 때문이다. 우사는 비록 외발이었지만 그 누구보다도 온전한 정신을 지니고 있었다.

《장자》에는 이루 말할 수 없을 정도로 추한 외모를 지닌 위나라의 애태타哀駘它라는 사람이 등장한다. 그는 외모는 추했어도 사람들을 즐겁고 행복하게 만드는 재주가 있었기에, 누구나 그를 좋아하고 가까이 지내고 싶어 했다.

예로부터 외형과 정신의 관계를 꿰뚫어 보는 사람은 많지 않았다. 그래서 평범한 사람들은 너무도 쉽게 열등감이나 자기연민, 자탄에 빠져 고통을 겪었다. 그때마다 사람들은 인생에서 겪는 슬픔과 고통이 기쁨과 즐거움을 능가한다고 읊조렸다. '슬픔과 고통은 표현하기 쉬워도 기쁨과 즐거움은 표현하기 어렵다.'[1]

셰익스피어의 《맥베스》에는 이런 구절이 있다. "인생은 걸어가는 그림자, 무대 위의 초라한 배우에 지나지 않는다. 한때 무대 위에서 우쭐대고 초조해하지만, 한 번 가면 소식이 없는 법. 인생은 천치가 지껄이는 이야기다. 소음과 분노로 가득 차 있지만 아무 의미도 없다."

사람은 태어나고 고통 받고, 죽는다. 이것이 인간이 겪는 삶의 과정이다. 그래서 생명을 가진 존재는 황야의 방랑자나 다름없다.

현대인들은 온갖 근심 걱정 속에서 하루하루를 살고 있다. 언뜻 보기에 자유를 누리며 사는 것처럼 보이지만, 사실은 과거 그 어느 때보다 더 많은 구속 안에서 살고 있다. 오늘날 사람들이 앓는 정신질환은 예전과는 비교할 수 없을 정도로 복잡하고 다양해졌지 않은가? 의도한 결과이든 아니든 결국 인류는 스스로가 만든 쓰디쓴 고배를 마실 수밖에 없는 모순에 빠지고 말았다. 그러나 그 술이 아무리 쓰더라도 우리는 결코 그 같은 삶을 포기하지 못한다.

---

1) 悲苦之詞易寫, 歡愉之詞難工.

인생이란 정말 이런 것일까? 어째서 인생에 고난이 생겨날까? 억눌린 본성을 표출하지 못하기 때문일까 아니면 명리와 욕망에 은폐되어 본성을 잃었기 때문일까? 그것도 아니면 이 두 가지 모두 때문일까? 우리는 곱사등이에 추한 외모를 가진 애태타의 태연한 미소와 외발인 우사의 평온한 표정을 보지 않았는가?

인생에 반드시 고통만 있는 것은 아니다. 지극한 즐거움(至樂)을 얻을 수도 있다. 단, 어떤 인생을 살아갈 것인가가 우리의 마음에 달려 있을 뿐이다.

흔한 매력은 외형에서 나오지만 기이한 매력은 정신에서 나온다

남자들이 그와 만나면 아쉬워하며 헤어지려 하지 않았고, 여자들이 그와 며칠만 알고 지내면 곧장 부모에게 달려가 이렇게 말했다. "다른 남자의 부인이 되느니 차라리 애태타의 첩이 되겠어요." 이렇게 말하는 여자들의 수가 헤아릴 수 없을 정도였다.

– 《장자》 「덕충부편」

현대사회는 미남들이 열렬히 각광받는 시대다. '비주얼계(Visual系)'[1]에서부터 '차도남', 그리고 '훈남'[2]에 이르기까지, 호감 가는 잘생긴 외모는 분명 오늘날 사회에서 자신을 가장 확실하게 어필할 수 있는 수단이 되었다. 가보옥賈寶玉[3]의 코가 조금만 짧았다면, 대관원大觀園 자매들의 역사는 달라졌을지도 모르고, 사마상여司馬相如가 미남이 아니었다면 탁문군卓文君이 오두막에서 술을 파는 일을 상상이나 할 수 있겠는가?[4]

그렇다면 사람들은 외모만을 보고 반려자를 선택하는 것일까? 항상

---

1) 일본의 대중음악계 중에서도 특히 록밴드에 존재하는 경향이다. 한국에서는 흔히 '비주얼 록'이라고 부른다. 반드시 필수적인 것은 아니지만, 강한 메이크업, 화려한 헤어스타일을 비롯한 현란한 차림새가 큰 특징이어서 비주얼계라고 불리게 되었다.

2) 호남아好男兒. 현대 중국사회에서는 외모가 꼭 뛰어나지 않더라도 남자답고 원숙한 매력과 사회적 능력을 지닌 남자를 좋은 남자라고 한다.

3) 중국 청나라 건륭 때 조설근이 쓴 장편소설 《홍루몽》의 주인공이다. 장안의 대귀족이며, 점차 몰락해 가는 가賈씨 집안의 아들이다. 총명하여 가씨 집안의 실권자인 할머니의 총애를 받으며 성장한다.

4) 탁문군은 서한시대의 미인이다. 지금의 쓰촨(四川) 성 부호의 딸이었는데, 남편과 사별한 후 친정에 와 있던 중에 전한前漢의 문인 사마상여에게 반하여 함께 사랑의 도피를 했다. 수레와 말을 팔아 오두막에서 술을 팔았다고 한다.

그런 것은 아니다. 장자는 《장자》 「덕충부편」에서 위나라 사람 애태타 哀駘它에 관한 이야기를 그 예로 들었다.

애태타는 역사에 전무후무할 정도로 특별한 매력을 지닌 사람이었다. 남자들이 그와 만나면 아쉬워하며 헤어지려 하지 않았고, 여자들이 그와 며칠만 알고 지내면 곧장 부모에게 달려가 이렇게 말했다. "다른 남자의 부인이 되느니 차라리 애태타의 첩이 되겠어요." 이렇게 말 한 여자들만도 열대여섯 명은 되었고, 그 수 역시 점점 늘어나 그를 좋아하는 사람의 수가 얼마나 되는지 헤아릴 수 없을 정도였다.

도무지 상식적으로 이해가 안 가는 일이었다. 첫째, 애태타는 기이할 정도로 추한 외모의 소유자였다. 그는 단순히 얼굴만 못생긴 추남이 아니었다. 그는 절름발이이자 곱사등이였고 목에는 흉측한 혹까지 달려 있었다. 걸을 때마다 몸은 좌우로 뒤뚱거렸고, 밤에 외출할 때면 분장을 안 해도 귀신으로 착각할 정도였다. 둘째, 그는 소위 말하는 대단한 능력의 소유자도 아니었다. 고작 해야 남들이 꺼리는 온갖 궂은 일을 도맡아 하는 정도였다. 셋째, 그는 가족은 물론 주변 사람들까지 책임질 수 있을 만큼 부유한 사람도 아니었다. 넷째, 그는 문화적 소양이 뛰어난 사람도 아니었다. 그는 남들 앞에 나서서 자기 의견을 내세우는 일도 없었고 항상 남의 의견에 따를 뿐이었다.

이처럼 그는 높은 지위에 있거나 막강한 권력을 가진 것도 아닌 추남에 불과했다. 그런데 신기하게도 누구든 그를 알고 나면, 그와 가까워지고 싶어 했다. 이 소문을 들은 노나라 애공哀公은 그 사실 여부를 직접 확인하기 위해 사람을 시켜 그를 노나라로 데려오도록 했다. 애공이 애태타를 곁에 둔 지 보름이 지났다. 애공은 그가 남다른 지혜와 능력을 지녔다고 생각하기 시작했다. 그리고 두 달이 지나자 자신이 그보다 못함을 부끄러워하게 되었고, 석 달이 지나자 완전히 그를 숭배하게 되었다. 그의 목에 달려 있는 흉측한 혹조차도 멋지다고 생각하기 시작한 애공은 급기야 혹이 없는 보통 사람들의 목이 도리어 허전하다고 느끼게 되었다. 애공은 그를 하늘이 보낸 천사라고 생각했다.

마침 노나라 재상 자리가 비어 있어 애공은 그 자리에 애태타를 앉혔다. 애태타는 고민하다가 받아들이기는 했지만 재상이라는 관직에 크게 마음을 두지는 않았다. 애공은 이런 그의 모습에 더욱 탄복하여 한사코 노나라의 모든 국정을 그에게 맡기려 했다. 결국 애태타는 애공의 호의를 차마 거절하지 못하고 마지못해 그의 뜻을 받아들였다.

그 후, 애태타는 재상부에 머물며 관원들을 통솔하기 시작했다. 그는 눈으로는 각 관청의 문서를 살펴보면서 귀로는 온갖 민원을 듣고, 입으로는 각국 사신들의 방문에 응대하며 손으로는 각종 정부문서의 초안을 작성했다. 이 모습을 보고 있으면, 그야말로 '사지오관[5]'을 일제히 움직이고, 머리와 마음을 함께 사용한다'라고 할 만했다. 애태타가 국정을 맡는 동안, 수년간 쌓여 있던 정치경제적 중요 사안은 물론 해묵은 안건들까지 모두 적절히 처리되었으므로, 위아래를 가리지 않고 노나라 모든 사람이 크게 기뻐했다.

그러나 노나라 사람들이 모두 애태타를 존경하게 되었을 무렵, 그는

■ 5) 四肢五官. 사지는 팔·다리, 오관은 눈·귀·코·혀·피부를 가리킨다.

재상의 인장印章을 고스란히 남겨두고 처음 노나라에 왔던 것처럼 홀연히 자취를 감추었다. 애태타가 떠나자, 애공은 먹고 마시는 것조차 잊을 정도로 넋이 나간 사람처럼 멍해 있었다. 3천 명이나 되는 아름다운 후궁들에게도 흥미를 잃을 정도였다. 깊은 슬픔에 잠긴 애공은 노나라의 성인인 공자를 찾아가 이렇게 물었다. "그는 대체 어떤 사람입니까? 그가 떠나고 난 뒤로는 마치 삶의 낙이 없어진 것만 같습니다."

공자는 애공의 질문에 이렇게 대답했다. "제가 일찍이 초나라에 사신으로 간 적이 있었습니다. 때마침 새끼돼지들이 죽은 어미돼지의 젖을 빠는 광경을 보게 되었습니다. 그런데 잠시 후, 새끼돼지들은 놀라서 어쩔 줄 모르며 죽은 어미돼지를 버리고 달아났습니다. 어미가 죽었다는 사실을 안 것이 아닙니다. 단지 이전처럼 자신들을 돌보아주지 않았기 때문입니다. 새끼돼지들은 어미의 몸를 좋아한 것이 아니라, 그 몸을 다스렸던 정신을 좋아한 것입니다. 전장에서 죽은 사람을 장사지낼 때는 장식한 관을 쓰지 않고, 발꿈치가 잘린 자[6]는 예전에 신던 신발을 소중히 여길 이유가 없습니다. 이는 모두 그렇게 해야 할 근본이 없어졌기 때문입니다. 근본이 없어졌는데 그에 딸린 것들이 무슨 의미가 있겠습니까? 천자를 모시는 시녀가 되면 손톱을 깎지 못하고 귀를 뚫을 수 없습니다. 용모가 신분에 걸맞아야 하기 때문입니다. 또한 장가를 든 시종은 궁 밖에 머물게 하며 다시는 궁 안에서 일할 수 없습니다. 육체의 온전함만 해도 이토록 중요하게 여기는데 하물며 도

---

6) 여기서 '발꿈치가 잘린 자'란 월형刖刑을 당한 죄인을 말한다.

덕적으로 완전한 사람이야 더 이상 말해 무엇 하겠습니까? 애태타는 말을 하지 않아도 사람들의 신뢰를 얻고 아무런 공을 세우지 않아도 사람들로부터 존경을 받았습니다. 남이 나라를 주면서도 도리어 받지 않을까 걱정할 정도라 하니, 그는 분명 온전한 재능을 지녔으면서도 그 덕을 드러내지 않는 자일 것입니다."

정신적 위대함이나 지혜로움은 남녀노소, 빈부귀천을 막론하고 봄볕이 얼음을 녹이듯 모든 이들을 감화시킬 수 있다. 그와 함께 있을 때, 사람들은 그의 추한 겉모습은 잊어버린 채, 형태도 없는 지혜로운 정신적 힘만을 느꼈다. 이 같은 힘은 세상 모든 이들이 기꺼이 그를 따르게 만들었다.

왜 위인을 위인이라고 하는지 아는가? 바로 그들이 강력한 정신력으로 사람들의 마음을 움직이고, 이로써 세상을 변화시키기 때문이다. 그들은 정신적 힘을 통해 시공을 초월하여 천지신명과 소통한다. 사실, 인간은 줄곧 이 같은 정신적 힘을 지니고 있었다. 다만 우리가 그것을 자각하지 못하고 있었을 뿐이다.

▌무엇이 성공이고 무엇이 실패인가

○ **좀도둑은** 붙잡히면 벌을 받았지만, 큰 도둑들은 오히려 제후가 되었다. 제나라 환공 소백 역시 자신의 형을 죽이고 왕위에 올라 형수를 아내로 삼았지만, 유명한 현자 관중은 그런 그에게 끝까지 충성을 다했고, 제나라 대신 전상은 자신이 섬기던 왕을 죽이고 나라를 훔쳐 왕위에 올랐지만, 그가 성현이라 불리는 공자에게 예물을 보냈을 때 공자는 아무 부끄럼 없이 그 예물을 받았다. 사람들 역시 속으로는 환공이나 전상 같은 이들을 비열하다고 업신여기면서도, 겉으로는 그들에게 머리를 조아리며 복종한다. 말과 행동이 제각각이다 보니 자연히 모순이 생길 수밖에 없다. 이 같은 상황을 두고 《상서》에서는 다음과 같이 말했다. "어느 것이 나쁘고 어느 것이 좋은 것인가? 성공한 자는 우두머리가 되고 실패한 자는 꼬리가 되기 마련이다."

– 《장자》 「도척편」

판촉업계에서 일하는 한 친구가 의기소침해서 이런 말을 한 적이 있다. "큰 계약 건이 있었는데, 공교롭게도 회사 내 다른 판촉부서와 경쟁하게 된 거야. 양쪽 부서 모두 그 계약을 따려고 젖 먹던 힘까지 쏟아 부었지. 그런데 결국 우리 쪽이 지고 말았어. 전체회의에서 사장이 계약에 성공한 상대편 부서를 극찬할 때, 우리 부서 사람들은 전부 죄인이라도 된 것처럼 고개를 푹 숙이고 있었지. 우리 쪽은 아무런 노력도 안 했던 것처럼 취급하니까 참 씁쓸하더군."

경쟁사회에서 대중에게 알려지는 것은 최후의 승자뿐이다. 그래서 사람들은 승자의 배후에서 물심양면으로 묵묵히 노력한 사람들의 존재를 전혀 생각하지 못한다. 오늘날 사회에서는 보통 '승자는 왕, 패자는 역적'이라는 기준으로 사람을 평가한다. 그렇다 보니 유능한 사람은 승승장구하고 무능한 사람은 그 앞길에 방해되지 않도록 길을 비켜주어야 하며, 패자는 무조건 승자에게 복종해야 한다는 생각이 사회 통념으로 굳어졌다. 사실, 장자가 살았던 시대에도 이미 이 같은 판단 기준과 이를 비판하는 입장이 존재하고 있었다.

춘추시대-사실 춘추시대에만 국한된 것은 아니다-때에도, 좀도둑은 붙잡히면 벌을 받았지만, 큰 도둑들은 오히려 제후가 되었다. 제나라 환공桓公 소백小白 역시 자신의 형을 죽이고 왕위에 올라 형수를 아내로 삼았지만, 유명한 현자 관중管仲은 그런 그에게 끝까지 충성을 다했고, 제나라 대신 전상田常은 자신이 섬기던 왕을 죽이고 나라를 훔쳐 왕위에 올랐지만, 그가 성현이라 불리는 공자에게 예물을 보냈을 때 공자는 아무 부끄럼 없이 그 예물을 받았다. 보통 사람들 역시 속으로는 환공이나 전상 같은 이들을 비열하다고 업신여기면서도, 겉으로는 그들에게 머리를 조아리며 복종한다. 말과 행동이 제각각이다 보니 자연히 모순이 생길 수밖에 없다. 이 같은 상황을 두고 《상서尚書》에서는 다음과 같이 말했다. "어느 것이 나쁘고 어느 것이 좋은 것인가? 성공한 자는 우두머리가 되고 실패한 자는 꼬리가 되기 마련이다."[1]

북송시대 때, 소식蘇軾 역시 《공북해찬서孔北海贊序》에 이렇게 적었다. "세상이 성공과 실패를 기준으로 사람을 평가한다면, 조조마저도 영웅 대열에 넣어야 할 것이다."[2]

오늘날에는 역사적 영웅이지만, 영웅으로 평가받기까지의 그들의 삶을 살펴보면 실상 영웅과는 거리가 먼 악행을 저지른 경우도 많다.

---

1) 孰惡孰美. 成者爲首, 不成者爲尾.
2) 世以成敗論人物, 故(曹)操得在英雄之列. "소식은 조조에 대해 그리 높은 평가를 내리지 않았다. 그는 조조의 재능을 인정하면서도 '충忠', '간奸'이라는 두 글자로 그를 평가했다. 소식은 《공북해찬서》에서 '조조는 음흉하고 잔인한 이리와 같으며, 악당들의 영웅일 뿐이다'라고 말한 데에서도 소식이 조조에 대해 얼마나 부정적인 견해를 보였는지를 잘 살펴볼 수 있다. 《조조: CEO를 위한 용인술의 대왕》 p1183-1184 (장야신 저, 박하나 역, 휘닉스Dream, 2011) (부분 인용-옮긴이)

많은 이들이 이런 영웅들을 받들고 우러러보았지만, 장자와 도가의 무위無爲, 자연自然, 소요逍遙사상에서는 이런 영웅이라는 자들의 행동을 멸시했다. 결과만으로 사람을 평가할 수는 없고 결과가 있기까지의 과정이 더 중요하다고 생각하기 때문이다.

'승자는 왕, 패자는 역적.' '성공과 실패로 영웅을 논하지 말라.'[3] 전자는 성공과 실패라는 결과만을 기준으로 사람의 가치를 평가하고 있고, 후자는 전자처럼 사람의 가치를 평가하는 것을 비판적으로 보고 있다. 그래서 우리는 이처럼 모순되는 평가방식 때문에 난감해 질 때가 많다. 결과만으로 사람을 평가하지 말라고는 하지만, 현실적으로 성공과 실패라는 극과 극의 결과 중 어느 쪽이든 한 쪽은 받아들일 수밖에 없다. 그렇다면 성공과 실패, 이분법적 평가에서 벗어날 방법은 없을까? 이 문제는 실패를 대하는 우리의 태도에 달려 있다. 누구나 살아가는 동안 예외 없이 성공이나 실패를 겪는다. 그렇다면 당당히 맞서는 것도 좋은 방법이다.

---

3) 莫以成敗論英雄.

▌우리는 배우려고 하지도 않는다

○ **서시는** 가슴앓이 병을 앓고 있었는데, 하루는 가슴이 아파서 가슴을 부여잡고 눈살을 찌푸렸다. 그 모습에서 연약한 여성미가 한껏 풍겨왔다. 그런 모습으로 서시가 거리를 걸으면 사람들은 눈을 떼지 못하고 바라보았다. 같은 마을에 살던 못생긴 여자가 서시의 그런 모습을 보고 자기도 서시의 모양을 흉내 내며 마을 안을 돌아다녔다. 추녀가 그런 모습을 하니 원래 추했던 외모가 더 흉해 보였다. 그 모습을 본 마을의 부자는 문을 굳게 닫아걸고 밖으로 나오지 않았고, 가난한 사람들은 처자식을 이끌고 멀리 이사가 버렸다.

– 《장자》「천운편」

춘추시대 월나라 사람인 서시西施는 고대 중국의 '4대 미녀' 중 한 명이다. 뛰어난 미모를 타고났으며 그녀의 일거수일투족은 모든 이들을 매료시켰다고 한다. 그러나 안타깝게도 가슴앓이 병을 앓고 있어 몸이 허약했다. 어느 날 그녀가 강가에서 빨래를 마치고 집으로 돌아가는 길에 갑자기 통증을 느껴 가슴을 움켜잡고 눈살을 찌푸렸다. 서시로서는 고통을 참아내려는 행동이었지만, 주위 사람들은 그 모습이 한층 더 아름답다며 감탄을 금치 못했다.

그녀와 같은 마을에 동시東施라는 못생긴 여인이 살았는데 사람들이 서시가 통증으로 얼굴을 찡그리는 모습을 보며 아름답다고 칭찬하는 것을 보고, 서시의 흉내를 내면 자신도 아름다워 보일 것이라고 생각했다. 그래서 늘 서시의 찌푸린 얼굴을 흉내 내며 돌아다녔다. 그러자 그렇잖아도 못생긴 외모가 더 흉해 보였다. 그 모습을 본 사람들은 문을 꼭 닫아걸고 밖에 나오지 않거나, 아예 가족들을 모두 데리고 먼 곳으로 이사해 버렸다.

동시가 아름답게 보이려 했던 행동이 도리어 그녀를 전보다 더 못생겼다고 생각하게 만든 것이다. 본래 서시가 지닌 미모 때문에 사람들이 그 아름다움에 감탄한 것을 깨닫지 못하고 단순히 사람들의 반응에만 초점을 맞춘 결과였다. 이처럼 본질을 망각한 채 현상만을 흉내 내려 했던 탓에, 동시는 '동시효빈東施效顰[1]'이라는 고사를 통해 후대사람들에게까지 웃음거리가 되고 말았다.

옛 사람들은 장자가 이 이야기를 통해 공자의 복고사상에 반대하는 자신의 철학사상을 설명하려 했다고 생각했다. 사실, 장자의 생각은 이러했다.

물 위를 가는 데는 배만한 것이 없고 육지를 가는 데는 수레만한 것이 없다. 배를 타는 데 익숙한 사람에게 육지에서 배를 밀고 가라 한다면 평생이 걸려도 멀리 가지 못할 것이다. 옛날과 지금은 물위와 육지처럼 다르고 주나라와 노나라는 배와 수레처럼 다르다. 그런데 공자는 지금 주나라의 제도를 노나라에 적용하려 하니 이는 배를 육지에서 밀고 있는 것과 같다. 헛되이 힘만 낭비하고 아무런 성과도 얻지 못할 뿐만 아니라, 반드시 그 몸에 화가 미치게 될 것이다. 공자는 세상이 끊임없이 변화하고 있으며, 사람 역시 이 같은 변화에 적응하며 살아갈 수밖에 없다는 사실을 모른다.

삼황오제[2]의 예의와 법도의 중요성은 그 같음에 있지 않고 천하를

---

1) 동시가 서시의 찡그린 얼굴을 따라하다가 더욱 추녀가 되었다. 다른 사람의 행동의 본질을 제대로 파악하지 못하고 무작정 따라 하는 맹목적인 행동을 나무랄 때 사용하는 말이다.

2) 三皇五帝, 중국 고대의 전설적 제왕이다. 이들로부터 중국 역사가 시작되었다고 하는 설화 속 인물이다.

태평하게 만드는 데 있다. 이는 사과, 배, 귤, 유자처럼 모두 다른 맛을 가진 과일과 마찬가지다. 비록 맛은 제각각이지만, 맛있다는 점은 모두 같다. 그러므로 예의와 법도 역시 시대의 변화와 함께 변화해야 한다. 변화를 피할 수는 없다. 서시는 가슴의 통증 때문에 얼굴을 찌푸리고 다녔지만 사람들은 모두 그 모습을 아름답다고 했다. 그래서 동시 역시 서시를 흉내 내어 가슴을 부여잡고 얼굴을 찌푸리며 다녔다. 동시는 서시의 찌푸린 모양이 아름답다는 것만을 알았을 뿐, 그 모양이 아름다운 본질적인 이유는 알지 못했다. 주나라의 좋다는 제도를 무턱대고 노나라에 도입한 것과 같은 경우이다.

장자는 단순히 공자의 사상에 반박하기 위해 위와 같은 일화를 인용했을까? 그렇지만은 않다. 설사 동시의 외모가 못생겼다고 해도, 그것이 그녀의 탓은 아니지 않은가. 혹자는 이렇게 말할지도 모른다. "못생긴 것 자체는 큰 문제가 아니야. 하지만 밖에 돌아다니면서 사람들한테 혐오감을 주는 건 문제지!" 그렇다면 외모가 못생기면 멋대로 무시해도 되고, 사람을 비하해도 된단 말인가?

동시는 비록 아름답지는 않았지만, 최소한 서시의 아름다움을 보고 그것을 배우려 노력할 줄 아는 사람이었다. 애당초 배우려는 노력조차 하지 않는다면 그 노력이 헛된 것인지 아닌지 어떻게 알겠는가? 동시는 자신의 행동을 바라보는 사람들의 냉담한 반응을 보고 분명 그 이후로는 서시를 흉내 내려 하지 않았을 것이다. 아마도 아름다워지기 위한 또 다른 방법을 찾아 나서지 않았을까?

'동시효빈'과 같은 뜻을 가진 고사성어 중에 '한단학보邯鄲學步'라는 말이 있다. 2천 년 전, 연나라 수릉壽陵 땅에 한 청년이 살았다. 먹고 사는 데 부족함이 없을 정도의 형편에 보통 이상의 외모를 지닌 청년이었지만, 항상 자신감이 부족하고 열등감에 차 있었다. 그는 옷이며 음식이며 보는 것마다 자신이 남들보다 못하다고 생각했고, 심지어 우두커니 서 있거나 앉아 있는 모습조차도 남들이 하면 자신보다 훨씬 품위 있어 보인다고 여겼다. 그래서 보는 것마다 배우려고 하다 보니 하나를 배우면 다른 하나를 까먹기 일쑤였고 매번 다른 것을 배워도 결국 끝까지 한 가지 일을 제대로 해낸 적이 없었다. 가족들이 그러한 점을 문제 삼으며 고쳐보라고 아무리 권유해도 그는 쓸데없는 참견으로 취급했고, 주위 사람들이 그런 그를 비웃고 놀려대도 한 귀로 듣고 한 귀로 흘려버리며 전혀 신경 쓰지 않았다. 세월이 흘러 그는 자신의 걸음걸이마저 이상하고 보기 흉하다고 여기게 되었다.

어느 날 그는 길가에서 웃고 떠들며 이야기하는 사람들을 보았다. 가까이 가서 들어보니 그들은 조나라의 수도인 한단邯鄲 사람들의 걸음걸이가 멋지다는 이야기를 하고 있었다. 대체 한단 사람들의 걸음걸이는 어떻길래 멋있다고 하는걸까? 아무리 생각해봐도 알 길이 없자, 이 일은 마음의 병으로까지 번지게 되었다. 결국 그는 가족들 몰래 한단 사람들의 걸음걸이를 배우기 위한 여행길에 올랐다.

한단에 도착하자, 그는 모든 것이 신기해서 눈이 어지러울 정도였다. 어린아이의 걸음걸이를 보면 그 발랄함이 보기 좋아서 배우고, 노인의 걸음걸이를 보면 중후함이 맘에 들어 배우고, 여인들의 걸음걸이를 보면 흔들거리는 자태가 우아해서 배웠다. 그렇게 그는 보이는 걸음걸이마다 모두 배워야겠다고 생각했다. 보름이 지나자, 그는 한단 사람들의 걸음걸이를 배우기는커녕, 자신의 걸음걸이마저 잊어버리고 말았다. 게다가 여비까지 떨어지자, 그는 어쩔 수 없이 엉금엉금 기어서 집으로 돌아가게 되었다.

이 청년이 산 시대를 살았다면 우리 역시 한단 사람들의 걸음걸이를 배우러 가지는 않았을까? 만일 갔다면 어떤 기준과 방법으로 그들의 걸음걸이를 배우려고 했을까? 또한 사람들의 비웃음을 샀다면 배우기를 포기했을까, 아니면 목표를 이룰 때까지 부단한 노력을 했을까? 우리 중 대부분은 아마도 배우려는 쪽보다는 그들을 비웃는 쪽에 서 있을 가능성이 더 클지도 모른다.

배움과 노력을 통해 자신의 현재 상황을 개선해 보려는 이들이 비웃음의 대상이 되고 있을 때, 우리는 과연 무슨 일을 할 수 있을까? 자만에 가득 찬 사람들의 떠들썩한 웃음을 들으며 나 또한 그런 비웃음의 대상이 될까 봐 나에 대한 다른 사람의 시선과 평가에 전전긍긍 하지는 않을까?

뭐 눈에는 뭐만 보인다

노자가 말했다. "나는 이미 지혜롭고 훌륭한 성인이라는 세속의 평가에 얽매이지 않네. 어제 자네가 나를 '소'라고 불렀다면, 나는 자신을 소라고 생각했을 것이고, '말'이라 불렀다면 말이라고 생각했을 것이네. 가령 내가 정말로 그런 모습을 하고 있어서 사람들이 나를 그렇게 불렀는데, 이를 내가 받아들이지 않는다면 나는 두 번이나 이름에 얽매이는 재앙을 입게 될 것이 아닌가. 나는 다만 자네가 나를 생각하는 모습대로 행동했을 뿐이네. 하지만 이 역시 의도했던 바는 아니었네."

– 《장자》 「천도편」

노자가 성인聖人이라는 소문을 들은 사성기士成綺는 그가 어떤 인물인지 호기심이 들었다. 그래서 그는 소문의 노자를 직접 만나보기로 했다.

노자를 만난 그는 다짜고짜 기세등등하게 물었다. "저는 당신이 성인이라고 들었습니다. 그래서 당신을 만나기 위해 먼 길도 마다하지 않고 백여 날을 쉬지 않고 걸어 이곳까지 왔습니다. 얼마나 걸었던지 발바닥에 굳은살이 박였습니다. 그런데 막상 실제로 당신을 보니 전혀 성인처럼 보이지 않아 실망스러울 뿐입니다. 쥐구멍 앞에서 가져 온 흙에도 곡식들이 흩어져 있는 법인데, 그것을 하찮게 여겨 아무렇지도 않게 버리는 것은 어질지 못한 것입니다. 또 양식이나 물자가 풍부한데도 쓰지 않으면서 한없이 긁어모아 쌓아 두고만 있습니다." 그러나 노자는 그의 말을 못 들은 체하고 멍하니 앉아 아무 대꾸도 하지 않았다. 이를 본 사성기는 더 말해봤자 소용없다고 생각해 화를 내며 가버렸다.

그러나 노자를 만나고 온 뒤, 사성기는 줄곧 석연치 않은 느낌을 지울 수 없었다. 분명 노자는 처세의 달인이라고 들었는데, 어째서 자신의 무례함에 아무 반응조차 없었던 것인지 의문스러웠다. 반응은커녕 노자는 멍하니 앉은 채 고개조차 들지 않았었다. 결국 사성기는 다음 날 다시 노자를 찾아갔다.

그는 노자의 반응을 살펴보기 위해 짐짓 어제와 달리 공손한 태도로 그에게 물었다. "어제는 제가 무례를 범했습니다. 표현이 좀 지나쳐 심기에 불편을 끼쳐 드렸습니다. 한참을 생각한 뒤에야 제 잘못을 깨달았으니 어째서일까요?"

노자가 말했다. "나는 이미 지혜롭고 훌륭한 성인이라는 세속의 평가에 얽매이지 않네. 어제 자네가 나를 '소'라고 불렀다면, 나는 자신을 소라고 생각했을 것이고, '말'이라 불렀다면 말이라고 생각했을 것이네. 가령 내가 정말로 그런 모습을 하고 있어서 사람들이 나를 그렇게 불렀는데, 이를 내가 받아들이지 않는다면 나는 두 번이나 이름에 얽매이는 재앙을 입게 될 것이 아닌가. 나는 다만 자네가 나를 생각하는 모습대로 행동했을 뿐이네. 하지만 이 역시 의도하고 했던 행동은 아니었네."

사성기는 노자의 말에 부끄러움을 느꼈다. 그는 노자의 뒤를 쫓아 그림자를 밟지 않도록 조심스럽게 다가가 그에게 물었다. "한 가지 여쭙고 싶은 것이 있습니다. 몸을 닦는 도(修身之道)란 대체 무엇입니까?"

노자가 말했다. "자네의 눈은 몹시 튀어나왔고 이마는 너무 넓고 입은 대단히 크고 태도는 오만한데다 몸집까지 건장하니, 마치 길길이 날뛰는 야생마를 꼼짝 못하게 묶어 둔 것이나 다름없네. 몸이야 묶여 있지만 마음은 여전히 길길이 날뛰고 있지. 지금 잠시 동안은 행동을 자제하고 있더라도, 일단 움직이게 되면 시위를 떠난 화살처럼 재빠르겠지. 또 자네는 관찰력이 예리하고 재주가 많아 교만함이 겉으로 드러나고 있네. 이런 것들은 모두 인간의 진정한 본성이라고는 볼 수 없지. 변경 외딴곳에 있는 도둑과 다를 것이 없네."

노자의 말을 들은 사성기는 그제야 깨닫는 바가 있었다.

▌장자가 듣는 음악

○ **나는** 인심人心으로써 연주하다가 하늘을 불러 호응했으며, 예의로써 운행, 소통시키다가 태초의 맑음으로써 미치게 했던 것이다. 무릇 지극한 음악이란 먼저 인사人事에 응답하여 천리로 순응하는 것이며, 오덕으로써 소통시켜 자연으로 호응하는 것이다. 그런 후에야 사계절을 고르게 하고 만물을 화합하게 한다.

– 《장자》「천운편」

○ **그것은** 들어보려 애써도 들리지 않고, 보려고 애써도 보이지 않지만 천지에 충만하고 천지사방을 포용한다.

– 《장자》「천운편」

한 친구가 음악이 얼마나 오묘한지 이야기해준 적이 있다. 임신 당시 그녀는 매일 같은 태교음악을 반복해서 들었는데, 아기가 태어나 잠투정을 부릴 때마다 그때 들었던 음악들을 들려주면 신기하게도 순식간에 잠든다고 했다.

춘추전국시대 때에도 이 같은 음악의 오묘한 힘을 발견한 사람이 있었다. 그리고 장자가 활동했던 시대에 이르러서는 좋은 음악이 지닌 절묘함에 관해 토론하기도 했다.

북문성北門成[1]이 황제[2]에게 물었다. "황제께서 넓은 들에서 「함지咸池[3]」의 곡을 연주하셨을 때, 처음에는 매우 놀라 두려웠습니다. 하지만 다시 들었을 때는 두려움이 사라지고 평온을 되찾았으며, 마지막으로 들었을 때는 의혹이 생겨 정신이 아득해지고 어쩔 줄 모르게 되었

---

1) 북문北門은 성씨이고, 성成이 이름이다. 황제의 신하다. 위 일화에서는 그를 인간을 대표하는 인물로 볼 수 있다.
2) 黃帝, 중국 고대의 전설적 제왕
3) 황제가 직접 만들고 직접 연주했다는 음악이다.

습니다."

황제가 말했다.

"그대가 그렇게 느끼는 것도 당연하네! 나는 음악[4]을 연주할 때, 처음에는 사람의 마음(人情)을 따라 연주하다가 어느 정도 시간이 지나고 나서는 자연의 질서를 따라 연주했고, 마지막에는 예의禮義를 통해 음악을 연주하여 하늘의 도(天道)로써 그 곡을 완성했다네.

가장 아름답고 고귀한 음악이란 항상 사람의 마음과 자연의 질서를 따르고 오덕五德[5]을 통해 변화하고 발전하며, 자연에 어우러질 수 있는 음악을 말하네. 그 같은 음악만이 사계절의 변화가 뚜렷하듯 세상 모든 존재와 조화를 이룰 수 있지. 그 음악소리는 마치 사계절이 차례로 바뀌고 그 변화에 세상 모든 것이 생겨나는 것처럼 한 번은 왕성해졌다 한 번은 쇠약해졌다 하고, 봄의 생기와 가을의 스산함 또한 모두 자연의 섭리에 따라 질서정연하게 변화한다네. 그리고 한 번은 맑았다가 한 번은 흐려지며 음양이 조화를 이루면서 그 소리가 울려 퍼지게 되지. 그 소리를 듣고 겨울잠을 자던 벌레들이 꿈틀거리기 시작하면, 나는 세찬 천둥소리로 그들이 놀라서 일어나게 만든다네. 그러나 그 음악의 끝에는 마지막이 없고 시작에서도 역시 그 처음(起源)을 찾을 수가 없네. 그리하여 음악은 그쳤는가 하면 되살아나고 넘어지는가 하면 일어나니 그 변화가 무궁무진하여 전혀 예측할 길이 없다네. 그래서 그

---

4) 여기서 '음악·음악소리'는 '군주가 세상을 다스리는 모습'을 의미한다.
5) 유학에서 말하는 다섯 가지 덕인 '온화, 양순, 공손, 검소, 겸양'을 말한다.

대가 두려움과 불안을 느꼈던 것이네.

나는 또한 음양의 조화로써 그 곡을 연주하고, 해와 달의 밝음으로써 곡 전체를 환하게 밝힌다네. 그래서 그 소리는 짧기도 하고 길기도 하며, 부드럽기도 하고 억세기도 하다네. 그 변화는 일정한 질서를 따르지만, 결코 옛 법도나 관례에 얽매이지는 않는다네. 음악소리가 골짜기에 울려 퍼지면 골짜기를 가득 채우고, 굴속에 울려 퍼지면 굴속을 가득 채우고, 마음의 틈을 메워 정신의 평온함을 유지시키고 모든 것을 외물을 통해 헤아리게 만들지. 내 음악은 널리 진동하여 퍼지니 이는 하늘만큼 높고 해나 달만큼 밝다고 할 수 있다네. 그러므로 귀신조차도 자신들의 세계 밖으로 나오지 않고 해와 달, 별도 정해진 궤도를 따라 운행하는 것이지.

나는 이따금 음악소리를 유한한 세계에 머무르게도 하고, 그 음악에 담긴 의미만을 무궁무진한 세계로 흘려보내기도 하네. 이 음악소리는 아무리 생각해도 알 수가 없고, 이를 보려 해도 볼 수 없으며, 쫓아가려 해도 따라잡을 수 없기에 사방이 공허한 길에 무심히 서 있거나, 책상에 기댄 채 읊조릴 뿐이지. 눈과 지혜는 절실하게 보고자 하는 것 때문에 곤경에 빠지고, 힘은 절실하게 추구하는 것 때문에 다하게 되는 법이지. 나도 일찍이 그것을 따라잡을 수 없었네! 형체는 충분하면서도 존재하지 않는 것 같아야만 비로소 상황에 따라 자유자재로 변화에 순응할 수 있는 것이지. 그 때문에 그대의 불안하고 두려웠던 마음이 점차 평온을 되찾았던 것이네.

세 번째로 나는 감정과 나를 잊게 하는 음악을 연주하고, 여기에 자연의 박자를 조화시켰네. 그러자 음악소리가 뒤섞여 한꺼번에 생겨나는 듯했고, 무성한 숲에 바람이 불어 저절로 음악을 이루는 듯했지. 그리고 아무런 흔적도 없는 것처럼 되었네. 널리 울려 퍼지며 멈추지 않고 흐릿해져서 순간 아무 소리도 없는 것처럼 느꼈을지도 모르네. 하지만 음악소리는 알 수 없는 곳에서 울리며 아득한 경지에 자리 잡게 되었지. 때때로 사라진 것 같거나 살아난 것 같기도 하고 실재하는 것 같기도 하며 빛 좋은 개살구 같기도 할 것이네. 같은 음악소리만 울려 퍼지는 것은 아니었네. 세상 사람들은 영문을 알 수 없게 되면 성인들에게 물어 알고자 했지. 여기서 성인은 사물의 이치에 통달하고 자연의 순리에 따르는 사람을 말하네. 자연의 본질은 변하지 않지만 오관五官을 모두 갖추고 있으므로, 이는 하늘의 음악이라 할 수 있네. 자연 본래의 음악소리는 굳이 말로 표현하지 않아도 마음으로 직접 전달될 수 있다네. 그러므로 유염씨有焱氏는 그 음악을 찬양하며 이렇게 말했네. '그것은 들어보려 애써도 들리지 않고, 보려고 애써도 보이지 않지만 천지에 충만하고 천지 사방을 포용하지.' 그대 역시 아무리 들으려 해도 그 소리를 들을 수 없었기에 혼란스럽고 어찌할 바를 모르게 되었던 것이네.

이 같은 음악은 처음 들으면 두려움 때문에 재난을 당한 것처럼 느껴지므로 자연히 두렵고 불안한 생각이 든다네. 그다음에 나는 마음의 불안과 두려움을 해소시킬 수 있는 음악을 연주했고 마지막에는 혼란에 빠져 어쩔 줄 모르는 사이에 음악이 끝나버렸지. 어쩔 줄 모르는 순박하고 꾸밈없는 마음을 가지면 도에 다가갈 수 있고, 도에 가까이 가면 또한 도와 하나가 될 수 있다네.”

인류는 이미 오래전부터 음악이 사람의 감정이나 생각, 행동에 영향을 미칠 수 있다는 사실을 알고 있었다. 음악소리의 파동, 즉 음파가 사람의 귀로 전달되면, 고막이 진동하여 역학적 에너지가 생성되고 이것이 다시 전기에너지로 전환된다. 전기에너지로 전환된 소리는 순식간에 대뇌로 전달되어 각 신경계를 자극함으로써 최종적으로 인간의 몸과 마음의 상태에 영향을 주게 된다. 음악마다 서로 다른 음파를 만들어 내기 때문에, 어떤 음악을 듣는가에 따라 각 신경계가 받는 자극의 강도 역시 달라진다. 그래서 같은 음악을 듣고도 사람마다 다른 느낌을 받는 것이다. 음악은 매우 조화롭고 규칙적인 음파를 만들어내므로 좋은 음악을 많이 들으면 몸과 마음 모두에 긍정적인 영향을 준다.

미국 캘리포니아 대학에서는 재학생들에게 모차르트의 「소나타 D장조」를 들려준 뒤 공간 추리 능력을 측정하는 실험을 실시했다. 그 결과 음악을 듣고 난 다음 측정한 학생들의 IQ가 음악을 듣기 전보다 평균 9% 정도 높아진 것으로 나타났다. 이 실험으로 좋은 음악이 사람의 ‘대뇌 소프트웨어’를 업그레이드하고 기존의 사고방식에 신선한 자극을 줌으로써 인간의 지능과 체력향상에 도움을 줄 수 있다는 점이 밝혀졌다.

사람의 정신 상태에 영향을 줄 수 있는 뇌파로는 α파(알파파), β파(베타파), θ파(세타파), δ파(델타파)의 4종류가 있다. α파는 정서를 안정시키고 집중력을 향상시켜 주며, β파는 외부자극에 반응하거나 어떠한 문제를 해결할 때 좀 더 빠르게 할 수 있도록 도와준다. 또한 θ파는 긴장을 완화해주고 창조력을 향상시켜주며, δ파는 숙면을 취하는 데 도움을 준다. 음악은 바로 이 네 종류의 음파를 만들어 뇌신경을 자극함으로써, 사람의 몸과 마음에 영향을 준다.

예를 들어, 행진곡처럼 경쾌하고 빠른 박자의 활기찬 음악은 주로 β파를 만들어내는데, 이는 사람들의 반응속도와 동작의 효율성을 향상시킨다. 반면 여유로운 피아노 연주곡은 긴장을 풀어주고 집중력을 향상시키는 데 도움을 주며 긍정적이고 적극적인 사고를 하는 데에도 큰 도움이 된다. 이 밖에도 느린 템포의 음악은 δ파를 만들어내 숙면에 도움을 주며 신경계를 원활히 조절하여 몸과 마음을 평안하게 만들어 숙면에 도움을 준다. 특히, 고전음악(클래식)은 가장 뛰어난 음질, 음색, 리듬, 음률을 갖추고 있다.

음악은 우울함에 빠진 사람들을 즐겁게 만들거나 초조, 불안을 느끼는 사람들에게 심리적 안정을 찾아준다. 또한 권태감이나 무기력감에 빠진 사람들에게 삶의 활력을 불어넣어 주기도 한다. 좋은 음악을 많이 들으면 여러모로 유익한 효과를 얻을 수 있다.

우정에 상처받은 사람들에게

○ **샘물이** 말라 물고기들이 다 같이 육지로 나가 서로 숨을 불어주고 물거품으로 적셔주는 것은 강과 바다에서 서로 잊고 모른 척하는 것만 못할 것이다.

– 《장자》「대종사편」

석양이 물들 무렵이면, 이따금 다정하게 손을 잡고 걸으시던 나의 외할아버지와 외할머니를 떠올릴 때가 있다. 할아버지는 힘줄과 혈관이 불거져 나온 앙상한 손으로 할머니를 소중한 보물처럼 꼭 잡은 채 종종 조심스럽게 걸으셨다.

두 분은 평생을 함께하셨다. 본래 성격이 다소 괴팍하셨던 외할머니는 조금이라도 당신 맘에 안 드는 일이 있으면 쉽게 화를 내는 분이셨기 때문에 외할아버지와 자주 다투셨다. 이렇게 한바탕 다툼이 있고 나면 두 분은 한동안 서로 모른 체하며 냉랭하게 지내셨다. 그때마다 가족들이 나서서 달래고 설득해야만 못 이기는 척 화해하셨다. 그러나 때로는 외할아버지가 무조건 잘못을 빌며 외할머니를 진정시키려 하실 때도 있었다. 할머니가 화를 내다가 쓰러지실까 걱정하셨기 때문이다. 두 분은 꾸밈없이 평범하게 서로를 아끼고 사랑하셨다. 이런 모습이야말로 사람들이 동경하는 사랑이 아닐까.

《장자》「대종사편」에는 다음과 같은 구절이 있다. "샘물이 말라 물고기들이 다 같이 육지로 나가 서로 숨을 불어주고 물거품으로 적셔주는 것은 강과 바다에서 서로 잊고 모른 척하는 것만 못할 것이다." 이를 한자로 표기하면 다음과 같다. '천학 어상여처어육 상구이습 상유이말 불약상망어강호泉涸, 魚相與處於陸, 相呴以濕, 相濡以沫, 不若相忘於江湖.'

그중 '상유이말相濡以沫'을 《현대한어사전現代漢語詞典》에서는 다음과 같은 주석을 붙여 놓았다. "샘물이 말라 물고기들이 다 같이 육지로 나가 서로 숨을 불어주고 물거품으로 적셔준다." 바로 《장자》「대종사편」의 어구를 의미한다. '상유이말'이란 어려움에 처했을 때 서로 돕는 것을 비유하는 말로 사용된다. 그런데 이 '상유이말'보다 좀 더 강한 장자적 색채를 띤 말이 바로 뒤 구절에 이어진다는. 바로 이 말이다. '불여상망어강호不如相忘於江湖.' '물이 충분한 강이나 호수에 있었을 때 누가 옆에 있는지조차 모르고 살던 것만 못하다'라는 뜻이다.

1994년 〈독자讀者〉라는 잡지에서 '동로객同路客'이라는 제목의 글을 읽은 적이 있다. 그 내용은 이러했다.

어린 시절, 누구나 한 번쯤은 친구와의 이별로 힘들어했던 경험이 있을 것이다. 그리고 특히 친구 쪽에서 먼저 당신을 쌀쌀맞게 대한 것이었다면, 고통은 한층 더할지도 모른다. 사실 그 시절에 우정의 본질을 알기는 쉽지 않다. 단순히 같은 길을 함께 가게 된 동행인이라면, 언제든지 나와 다른 길을 선택할 수 있다. 그것은 그 사람의 자유다. 함께 길을 가는 동안에는 서로 부축하고 의지하며 이겨내는 것이 당연한 도리이지만, 일단 가는 길이 달라지면 서로에게 관심과 그리움이 있어도 서로 도울 방법이 없다. 그리고 각자 또 다른 동행인들을 만나게 된다. 환경이 달라질 때마다, 새로운 사람들과의 만남과 교류가 계속된다. 그러는 동안에도 여전히 옛 친구들을 마음에 두고는 있지만, 예전만큼 친밀한 관계를 유지하기란 쉽지 않다. 과거에 의기투합했던 친구라도 전과 같은 친밀한 관계를 회복하기가 쉽지 않다. 이미 서로의 사고방식이나 정서의 공감대가 예전과는 달라졌기 때문이다. 하지만 진정한 친구라면 멀리 떨어져 있더라도 변함없이 서로를 항상 마음에 두고 있다. 몇 년의 공백이 있더라도 다시 만나면 예전과 조금도 다름이 없다. 이것이 바로 사랑식 우정이다.

단순한 우정은 자유롭다. 오늘 우연히 만나 서로 알게 되고 즐겁게 지내다가도, 내일이 되면 담담하게 헤어지거나 심지어 서로를 잊어버릴 수도 있다. 하지만 '사랑'은 시작부터 영원함을 바라고 서로 이외의 사람을 용납하지 않는다. 그렇기에 일단 둘 중 누구 한 사람이라도 상대에 대한 열정을 잃거나 새로운 상대에게 사랑이 옮겨가면, 다른 한쪽은 그저 조용히 현실을 받아들일 수밖에 없다. 그렇기에 친구 간의 우정이라도 사랑식의 우정은 낭만적인 동시에 고통스러울 때도 있다.

서로 마음을 터놓고 지내던 친구가 어느 날 낯선 사람이 될 수 있다는 말을 믿을 수 없었다. 그러나 어른이 된 지금 나 역시 그 말을 충분히 이해한다.

세월이 흐르고 환경이 변하면, 점점 사이가 멀어져 결국 영원히 연락이 끊기는 친구도 생기고, 항상 마음에 두고 있어도 멀리 떨어져 함께 할 수 없는 친구도 생긴다. 나는 어른이 되어 가면서, 인생에는 수많은 변수가 존재한다는 사실과 소망하는 모든 것이 영원할 수 없다는 현실도 깨닫게 되었다. 이는 살아가면서 마주할 수밖에 없는 현실이다.

시공간을 초월한 영원한 우정을 갈구하는 것은 잿더미 위에 장미를 심는 것이나 마찬가지다. 그럼에도 나는 불꽃이 일어나는 그 순간만큼은 그것이 영원하길 바란다. 어떤 친구들은 우리의 인생 무대에서 영원히 퇴장하여 다시는 만나지 못할 수도 있다. 그러나 그 친구와 함께 했던 시절의 감정은 추억으로 남는다. 심지어 당시의 특별한 추억들은 영화 속 한 장면처럼 영원히 그 모습 그대로 당신의 기억 속에 간직될 것이다.

영원히 변치 않는 우정은 없다. 친구는 나그네와 마찬가지다. 내가 원한다고 해서 영원히 곁에 붙잡아 둘 수는 없다. 같은 길을 갈 때는 서로 도우며 지내지만, 방향이 달라지면 서로 또 다른 새로운 이들을 만나기 마련이다. 많은 사람이 이별을 두려워한다. 또 어떤 이들은 이별 때문에 상처받을 바에야 차라리 처음부터 만나지 않는 편이 더 낫다고 여긴다. 어쩌면 장자와 같은 대범함을 지닌 사람은 그리 많지 않을지도 모른다. 《장자》「대종사편」에서는 이렇게 말했다.

"물고기 두 마리가 수레바퀴 자국 속에 갇혀 있는데, 살기 위해서 서로 숨을 불어주고 물거품으로 적셔주고 있었다." 이 상황만을 보면 감동적이라고 생각할 수도 있다. 하지만 실제로 물고기가 이런 상황에 처할 가능성이 얼마나 될까? 분명 다소 과장이 섞인 비유다. 장자의 관점에서 본다면, 이 같은 생존위기에 처한 물고기 두 마리에게 가장 이상적인 결말은 바로 자신들의 삶의 터전으로 돌아가 유유자적하며 살면서 서로의 존재는 물론 서로 숨을 불어주고 물거품으로 적셔주며 목숨을 부지했던 기억조차도 말끔히 잊는 것이었다.

사람은 지난 추억에 잠겨 마음의 위안을 얻으면서 현실을 회피하려 할 때가 있다. 그러나 이는 우리를 점점 더 해탈의 길에서 멀어지게 할 뿐이다. 물론 추억이란 좋은 것이다. 하지만 오히려 대범한 사람일수록 어려운 상황을 벗어난 뒤에 당시의 도움을 더욱 마음에 두지 않는다. 이때 '서로 잊는다(相忘)'는 것은 단어의 뜻 그대로 진정으로 잊는다는 의미가 아니라, 욕심 없는 담박한 마음으로 사물을 대하는 마음 상태를 의미한다.

차라리 물고기 두 마리가 서로 모든 것을 잊을 수 있다면 그것은 가장 행복한 결말일지도 모른다. 그러나 혹시라도 두 마리 중 한 마리 물고기만 잊지 못한다면 어떻게 될까?

사람이나 감정에 대한 우리의 태도 역시 이런 것이 아닐까? 어려움에 처했을 때 서로 돕는 것은 감동적인 일이다. 그러나 '평온한 때 서로를 잊는 것' 역시 분명 일종의 경지에 이른 것이며, 어쩌면 대담하고 욕심 없는 마음은 이럴 때 더 필요할지도 모른다.

잊고 포기할 줄 아는 것, 이 역시 행복이다.

장자와 해골의 대화

○ 해골이 말했다. "사람이 일단 죽으면, 위로는 군주도 없고 아래로는 신하도 없으며, 또한 계절이 바뀔 때마다 생계를 걱정하며 분주하게 일할 필요도 없네. 편안한 마음으로 하늘과 땅에 몸을 맡긴 채 그저 세월을 보낼 뿐이지. 산 사람들의 군주도 이보다 더 즐거울 수는 없을 걸세." 장자가 그 말을 못 미더워하며 다시 물었다. "염라대왕에게 부탁하여 너를 다시 살아나게 하고 뼈와 살갗을 붙여서 부모, 처자식, 고향 사람들, 친구들 곁으로 돌아갈 수 있도록 해준다면 그렇게 하겠는가?" 해골은 심하게 눈살을 찌푸리며 말했다. "내가 무엇 때문에 군주보다 더한 즐거움을 버리고 다시 인간 세상의 고통을 겪으려 하겠는가?"

— 《장자》「지락편」

장자가 백골과 대화를 나누었던 날은 가을바람이 스산하게 불던 어느 날이었다. 장자는 수척한 말을 타고 느릿느릿 초나라로 향하고 있었다. 해질 무렵이 되자 까마귀는 고목 위의 둥지로 돌아오고, 살을 에는 듯한 찬바람이 불어오기 시작했다. 패권을 차지하기 위한 제후들 간의 전쟁은 인적이 드문 길을 한층 더 황폐하게 만들었고 시선이 머무는 곳곳에는 해골이 즐비했다.

시든 등나무로 뒤덮인 고목 곁에 다다른 장자가 말을 나무에 매다가 수풀 속에 있는 해골을 발견했다. 해골에 가까이 다가간 장자는 말채찍으로 해골을 툭툭 치며 이렇게 물었다. "도대체 너는 왜 그런 꼴이 되었느냐? 병으로 죽었느냐 아니면 전쟁터에서 죽었느냐? 그렇지 않으면 나쁜 짓을 하다가 부모와 처자에게 누를 끼칠까 봐 자살이라도 한 것이냐? 그것도 아니면 추위와 굶주림 탓에 죽었느냐? 혹은 타고난 수명을 다하고 죽었느냐?" 말을 마친 장자는 그 해골을 베고 누워 금세 잠이 들었다.

그런데 어찌 된 영문인지 꿈속에 그 해골이 나타나 이렇게 말했다.

"선생은 마치 변사辯士처럼 말하더군. 그런데 선생이 말했던 것은 모두 살아 있는 자들의 괴로움일 뿐이라네. 우리 죽은 자들의 세계에서 그런 것들은 아무런 문제가 되지 않네. 죽은 뒤의 즐거움에 대해 들어 보겠는가?" 장자가 대답했다. "좋지. 한번 들어 보세."

해골이 말했다. "원래 사람이 죽으면 위로는 군주도 없고 아래로는 신하도 없으며, 또한 계절이 바뀔 때마다 먹고 사는 문제를 걱정하며 바삐 일할 필요도 없네. 편안한 마음으로 하늘과 땅에 몸을 맡긴 채 그저 세월을 보내면 그만이지. 산 사람들의 군주도 이보다 더 즐거울 수는 없을 걸세!"

장자가 그 말을 못 미더워하며 다시 물었다. "내가 염라대왕께 부탁하여 너를 다시 살아나게 하고 뼈와 살갗을 붙여서 부모, 처자식, 고향 사람들, 친구들 곁으로 돌아갈 수 있도록 해준다면 그렇게 하겠는가?" 해골은 심하게 눈살을 찌푸리며 말했다. "내가 무엇 때문에 군주보다 더한 즐거움을 버리고 다시 인간 세상의 고통을 겪으려 하겠는가?"

장자는 어째서 인간 세상으로 다시 돌아올 수 있게 해주겠다는 말로 해골을 설득하려고 했을까? 정작 장자 자신도 인간 세상, 즉 외물에 얽매인 삶에서 벗어나고자 했으면서 말이다. 장자는 분명 해골이 자신의 제안을 받아들이지 않을 것을 알고 있으면서도 일부러 그 같은 제안을 했다. 해도 안 되는 일이라면 그것에 연연하거나 끝까지 고집하지 않는 것이 장자의 스타일인데, 좀처럼 납득이 가지 않았다. 대체 장자는 무슨 생각으로 해골과의 대화 이야기를 꺼냈을까?

장자는 위 이야기를 통해 삶과 죽음에 대한 자신의 생각을 분명하게 밝히려 했다. 사람이 죽으면 생전의 모든 인연은 순식간에 끊어진다. 하지만 살아 있는 사람은 항상 부모, 형제, 부인, 자녀, 또는 공적, 명예, 이익, 봉록, 장례, 석비, 묘지명 등 온갖 방법을 동원하여 죽은 사람과의 관계를 유지하고 싶어 한다. 그러나 우리가 그 어떤 혈육 간의 정을 동원해도 죽은 사람을 붙잡아 둘 수는 없다.

　　장자는 '살아 있다고 기뻐할 것도, 죽는다고 슬퍼할 것도 없다'라고 했다. 살아 있는 사람은 죽지 않는 이상 죽음 뒤의 상황을 알 수 없다. 삶과 죽음, 그 어느 쪽이든 그것이 자연의 섭리라면 의연하게 받아들이는 것이 최선이다. 그 대상이 나이든 남이든 말이다. 그래서 장자는 아내가 죽었을 때에도 대야를 두드리며 노래를 불렀고, 자신의 죽음을 앞두고도 제자들과 이 같은 농담을 나눌 수 있었다. "땅 위에 있으면 까마귀와 솔개의 밥이 될 것이고, 땅 아래에 묻히면 땅강아지와 개미의 밥이 될 것인데, 무슨 차이가 있겠느냐?"

　　도가(道家)는 세속에 얽매이지 않는 자유분방한 삶과 사리사욕을 탐하지 않는 청담함을 추구했다. 장자는 위 이야기를 통해 자연의 순리에 따라 만물과 하나 되어 자유롭게 살아가는 삶의 방식에 대해 말하고자 했다. 세상을 달관한 태도로 그 누구보다도 당당하게 삶과 죽음을 마주했던 인물, 그가 바로 장자다.

1부

1. 진흙 속에 살더라도 자유로운 삶을 택하리라

馬, 蹄可以踐霜雪, 毛可以禦風寒, 齕草飮水, 翹足而陸, 此馬之眞性也.
마 제가이천상설 모가이어풍한 흘초음수 교족이륙 차마지진성야

雖有義臺路寢, 無所用之. 及至伯樂, 曰: "我善治馬." 燒之, 剔之, 刻之, 雒之,
수유의대로침 무소용지 급지백락 왈 아선치마 소지 척지 각지 락지

連之以羈馽, 編之以皁棧, 馬之死者十二三矣. 飢之, 渴之, 馳之, 驟之, 整之,
연지이기칩, 편지이조잔 마지사자십이삼의 기지 갈지 치지 취지 정지

齊之, 前有橛飾之患, 而後有鞭筴之威, 而馬之死者已過半矣.
제지 전유궐식지환 이후유편협지위 이마지사자이과반의

– 《장자》 「마제편馬蹄篇」

2. 내가 아는 것의 한계

望洋向若而歎曰: "野語有之曰. '聞道百以爲莫己若者', 我之謂也.
망양향약이탄왈 야어유지왈 문도백이위막기약자 아지위야

且夫我嘗聞少仲尼之聞而輕伯夷之義者, 始吾弗信; 今我睹子之難窮也,
차부아상문소중니지문이경백이지의자 시오불신 금아도자지난궁야

吾非至於子之門則殆矣, 吾長見笑於大方之家."
오비지어자지문칙태의 오장견소어대방지가

– 《장자》 「추수편秋水篇」

3. 쓸모없음의 쓸모있음

莊子曰: "夫子固拙於用大矣. 宋人有善爲不龜手之藥者, 世世以洴澼絖爲事. 客聞之,
장자왈 부자고졸어용대의 송인유선위부구수지약자 세세이병광위사 객문지

請買其方百金. 聚族而謀曰: '我世世以洴澼絖, 不過數金. 今一朝而鬻技百金, 請與之.'
청매기방백김 취족이모왈 아세세이병광 부과수김 금일조이죽기백김 청여지

客得之, 以說吳王. 越有難, 吳王使之將. 冬, 與越人水戰, 大敗越人, 裂地而封之.
객득지 이설오왕 월유난 오왕사지장 동 여월인수전 대패월인 렬지이봉지

能不龜手一也, 或以封, 或不免於洴澼絖, 則所用之異也. 今子有五石之瓠,
능부구수일야 혹이봉 혹부면어병광 칙소용지이야 금자유오석지호

236

何不慮以爲大樽而浮乎江湖, 而憂其瓠落無所容? 則夫子猶有蓬之心也夫."
하 부 려 이 위 대 준 이 부 호 강 호 이 우 기 호 락 무 소 용 ? 칙 부 자 유 유 봉 지 심 야 부

- 《장자》「소요유편逍遙遊篇」

4. 세상 것에는 집착할 것이 없다

仲尼曰: "善游者數能, 忘水也. 若乃夫沒人之未嘗見舟而便操之也, 彼視淵若陵,
중 니 왈 선 유 자 수 능 망 수 야 약 내 부 몰 인 지 미 상 견 주 이 편 조 지 야 피 시 연 약 릉

視舟之覆猶其車却也. 覆却萬方陳乎前而不得入其舍, 惡往而不暇! 以瓦注者巧,
시 주 지 복 유 기 거 각 야 복 각 만 방 진 호 전 이 부 득 입 기 사 악 왕 이 불 가 이 와 주 자 교

以鉤注者憚, 以黃金注者殙. 其巧一也, 而有所矜, 則重外也. 凡外重者內拙."
이 구 주 자 탄 이 황 금 주 자 혼 기 교 일 야 이 유 소 긍 칙 중 외 야 범 외 중 자 내 졸

- 《장자》「달생편達生篇」

5. 왜 '이기고 지는' 관계로만 보는가

莊子送葬, 過惠子之墓, 顧謂從者曰: "郢人堊漫其鼻端, 若蠅翼, 使匠人之.
장 자 송 장 과 혜 자 지 묘 고 위 종 자 왈 영 인 악 만 기 비 단 약 승 익 사 장 인 지

匠石運斤成風, 聽而之, 盡堊而鼻不傷, 郢人立不失容. 宋元君聞之,
장 석 운 근 성 풍 청 이 지 진 악 이 비 불 상 영 인 립 불 실 용 송 원 군 문 지

召匠石曰: '嘗試爲寡人爲之.' 匠石曰: '臣則嘗能之. 雖然, 臣之質死久矣.'
소 장 석 왈 상 시 위 과 인 위 지 장 석 왈 신 칙 상 능 지 수 연 신 지 질 사 구 의

自夫子之死也, 吾無以爲質矣, 吾無與言之矣."
자 부 자 지 사 야 오 무 이 위 질 의 오 무 여 언 지 의

- 《장자》「서무귀편徐無鬼篇」

6. 싸움의 최고 기술

紀渻子爲王養鬪鷄. 十日而問: "鷄可乎?" 曰: "未也, 方虛憍而恃氣." 十日又問,
기 성 자 위 왕 양 투 계 십 일 이 문 계 가 호 왈 미 야 방 허 교 이 시 기 십 일 우 문

曰: "未也. 猶應嚮景." 十日又問, 曰: "未也. 猶疾視而盛氣." 十日又問,
왈 미 야 유 응 향 경 십 일 우 문 왈 미 야 유 질 시 이 성 기 십 일 우 문

曰: "幾矣. 其德全矣, 異鷄無敢應者, 反走矣."
왈 기 의 기 덕 전 의 이 계 무 감 응 자 반 주 의

- 《장자》「달생편達生篇」

7. 빈 잔만이 채울 수 있다

南榮趎贏糧, 七日七夜至老子之所. 老子曰: "子自楚之所來乎?" 南榮趎曰: "唯".
남영주영량 칠일칠야지노자지소 노자왈 자자초지소래호 남영주왈 유

老子曰: "子何與人偕來之衆也?" 南榮趎懼然顧其後. 老子曰: "子不知吾所謂乎?"
노자왈 자하여인해래지중야 남영주구연고기후 노자왈 자부지오소위호

南榮趎俯而慙, 仰而歎曰: "今者吾忘吾答, 因失吾問."
남영주부이참 앙이탄왈 금자오망오답 인실오문

－《장자》「경상초편庚桑楚篇」

8. 우회할 줄도 아는 지혜

狙公賦芧, 曰: "朝三而暮四." 衆狙皆怒. 曰: "然則朝四而暮三."
저공부서 왈 조삼이모사 중저개노 왈 연칙조사이모삼

－《장자》「제물론편齊物論篇」

9. 솔개의 마음, 원추의 마음

惠子相梁, 莊子往見之. 或謂惠子曰: "莊子來, 欲代子相." 於是惠子恐,
혜자상량 장자왕견지 혹위혜자왈 장자래 욕대자상 어시혜자공

搜於國中三日三夜. 莊子往見之, 曰: "南方有鳥, 其名爲鵷鶵, 子知之乎? 夫鵷鶵,
수어국중삼일삼야 장자왕견지 왈 남방유조 기명위원추 자지지호 부원추

發於南海而飛於北海, 非梧桐不止, 非練實不食, 非醴泉不飮. 於是鴟得腐鼠,
발어남해이비어북해 비오동불지 비련실불식 비예천부음 어시치득부서

鵷鶵過之, 仰而視之曰: '嚇!' 今子欲以子之梁國而嚇我邪?"
원추과지 앙이시지왈 하 금자욕이자지량국이혁아사

－《장자》「추수편秋水篇」

10. 도둑질에도 도道가 있다

故跖之徒問於跖曰: "盜亦有道乎?" 跖曰: "何適而无有道邪? 夫妄意室中之藏,
고척지도문어척왈 도역유도호 척왈 하적이무유도사 부망의실중지장

聖也; 入先, 勇也; 出後, 義也; 知可否, 知也; 分均, 仁也.
성야 입선 용야 출후 의야 지가부 지야 분균 인야

五者不備而能成大盜者, 天下未之有也."
오자불비이능성대도자 천하미지유야

－《장자》「거협편胠篋篇」

238

11. 친구의 죽음에 노래를 부른 이유

子桑戶, 孟子反, 子琴張三人相與語曰:"孰能相與於無相與, 相爲於無相爲; 孰能登天遊霧,
자상호 맹자반 자금장삼인상여어왈 숙능상여어무상여 상위어무상위 숙능등천유무

撓挑無極, 相忘以生, 無所窮終!"三人相視而笑, 莫逆於心, 遂相與爲友.
요도무극 상망이생 무소궁종 삼인상시이소 막역어심 수상여위우

－《장자》「대종사편大宗師篇」

2부

1. 인생 최고의 환희를 모르는 사람들

昔者莊周夢爲胡蝶, 栩栩然胡蝶也. 自喻適志與! 不知周也. 俄然覺, 則遽遽然周也.
석자장주몽위호접 허허연호접야 자유적지여 부지주야 아연각 칙거거연주야

不知周之夢爲胡蝶與?, 胡蝶之夢爲周與? 周與胡蝶則必有分矣. 此之謂物化.
부지주지몽위호접여 호접지몽위주여 주여호접칙필유분의 차지위물화

－《장자》「제물론편齊物論篇」

2. 의지할 것이 있으면 얽매인다

夫列子禦風而行, 冷然善也, 旬有五日而後反. 彼於致福者, 未數數然也.
부열자어풍이행 냉연선야 순유오일이후반 피어치복자 미삭삭연야

此雖免乎行, 猶有所待者也. 若夫乘天地之正, 而禦六氣之辯,
차수면호행 유유소대자야 약부승천지지정 이어육기지변

以遊無窮者, 彼且惡乎待哉! 故曰: 至人無己, 神人無功, 聖人無名.
이유무궁자 피차악호대재 고왈 지인무기 신인무공 성인무명

－《장자》「소요유편逍遙遊篇」

239

3. 당신의 길을 가라, 비교하지 말고

民濕寢則腰疾偏死, 鰍然乎哉? 木處則惴栗恂懼, 猿猴然乎哉? 三者孰知正處?
민 습 침 칙 요 질 편 사　추 연 호 재　　목 처 칙 췌 률 순 구　원 후 연 호 재　삼 자 숙 지 정 처

民食芻豢, 麋鹿食薦, 蝍且甘帶, 鴟鴉嗜鼠, 四者孰知正味? 猿猵狙以爲雌,
민 식 추 환　미 록 식 천　즉 차 감 대　치 아 기 서　사 자 숙 지 정 미　원 편 저 이 위 자

麋與鹿交, 鰍與魚遊. 毛嬙麗姬, 人之所美也, 魚見之深入, 鳥見之高飛,
미 여 록 교　추 여 어 유　모 장 려 희　인 지 소 미 야　어 견 지 심 입　조 견 지 고 비

麋鹿見之決驟. 四者孰知天下之正色哉?
미 록 견 지 결 취　사 자 숙 지 천 하 지 정 색 재

- 《장자》「제물론편齊物論篇」

4. 고수해야 할 최후의 마지노선

莊子曰: "秦王有病召醫, 破癰潰痤者得車一乘, 舐痔者得車五乘,
장 자 왈　진 왕 유 병 소 의　파 옹 궤 좌 자 득 거 일 승　지 치 자 득 거 오 승

所治愈下, 得車愈多. 子豈治其痔邪? 何得車之多也? 子行矣."
소 치 유 하　득 거 유 다　자 기 치 기 치 사　하 득 거 지 다 야　자 행 의

- 《장자》「열어구편列御寇篇」

5. 올가미와 토끼

莊子與惠子遊於濠梁之上. 莊子曰: "鯈魚出遊從容, 是魚之樂也." 惠子曰:
장 자 여 혜 자 유 어 호 량 지 상　장 자 왈　숙 어 출 유 종 용　시 어 지 락 야　　혜 자 왈

"子非魚, 安知魚之樂?" 莊子曰: "子非我, 安知我不知魚之樂?"
자 비 어　안 지 어 지 락　장 자 왈　자 비 아　안 지 아 불 지 어 지 락

惠子曰: "我非子, 固不知子矣; 子固非魚也, 子之不知魚之樂,
혜 자 왈　아 비 자　고 불 지 자 의　자 고 비 어 야　자 지 불 지 어 지 락

全矣!" 莊子曰: "請循其本. 子曰'汝安知魚樂'云者, 旣已知吾知之而問我."
전 의　　장 자 왈　청 순 기 본　자 왈　여 안 지 어 락　운 자　기 이 지 오 지 지 이 문 아

- 《장자》「추수편秋水篇」

6. 장수의 비결

臣之所好者, 道也; 進乎技矣. 始臣之解牛之時, 所見无非全牛者; 三年之後,
신 지 소 호 자　도 야　진 호 기 의　시 신 지 해 우 지 시　소 견 무 비 전 우 자　삼 년 지 후

未嘗見全牛也. 方今之時, 臣以神遇而不以目視, 官知之而神欲行.
미 상 견 전 우 야　방 금 지 시　신 이 신 우 이 불 이 목 시　관 지 지 이 신 욕 행

依乎天理, 批大郤, 導大窾, 因其固然, 技經肯綮之未嘗, 而況大軱乎!
의 호 천 리　비 대 각　도 대 관　인 기 고 연　기 경 긍 계 지 미 상　이 황 대 고 호

― 《장자》 「양생주편養生主篇」

7. 자연스럽게 살고 있는가

執狸之狗成思, 猿狙之便自山林來.
집 리 지 구 성 사　원 저 지 편 자 산 림 래

― 《장자》 「천지편天地篇」

有治在人, 忘乎物, 忘乎天, 其名爲忘己. 忘己之人, 是之謂入於天.
유 치 재 인　망 호 물　망 호 천　기 명 위 망 기　망 기 지 인　시 지 위 입 어 천

― 《장자》 「천지편天地篇」

8. 임공자가 물고기를 잡기까지

任公子爲大鉤巨緇, 五十犗以爲餌, 蹲乎會稽, 投竿東海, 旦旦而釣, 期年不得魚.
임 공 자 위 대 구 거 치　오 십 개 이 위 이　준 호 회 계　투 간 동 해　단 단 이 조　기 년 부 득 어

已而大魚食之, 牽巨鉤, 錎沒而下, 騖揚而奮鬐, 白波若山, 海水震蕩, 聲侔鬼神,
이 이 대 어 식 지　견 거 구　함 몰 이 하　무 양 이 분 기　백 파 약 산　해 수 진 탕　성 모 귀 신

憚赫千里.
탄 혁 천 리

― 《장자》 「외물편外物篇」

9. 금상첨화 처세술과 설중송탄 처세술

莊周家貧, 故往貸粟於監河侯. 監河侯曰: "諾. 我將得邑金, 將貸子三百金,
장 주 가 빈　고 왕 대 속 어 감 하 후　감 하 후 왈　낙　아 장 득 읍 금　장 대 자 삼 백 금

可乎?" 莊周忿然作色曰: "周昨來, 有中道而呼者. 周顧視車轍中, 有鮒魚焉.
가 호　장 주 분 연 작 색 왈　주 작 래　유 중 도 이 호 자　주 고 시 차 철 중　유 부 어 언

周問之曰: '鮒魚來! 子何爲者邪?' 對曰: '我, 東海之波臣也.
주 문 지 왈　부 어 래　자 하 위 자 사　대 왈　'아, 동 해 지 파 신 야.

君豈有斗升之水而活我哉?' 周曰: '諾, 我且南遊吳越之王, 激西江之水而迎子,
군 기 유 두 승 지 수 이 활 아 재　주 왈　낙　아 차 남 유 오 월 시 왕　격 서 강 지 수 이 영 자

241

可乎?' 鮒魚忿然作色曰: '吾失我常與, 我無所處. 吾得斗升之水然活耳,
가 호   부어분연작색왈   오실아상여   아무소처   오득두승지수연활이

君乃言此, 曾不如早索我於枯魚之肆!'"
군내언차 증불여조색아어고어지사

― 《장자》 「외물편外物篇」

10. 물살에 따를 뿐 거스르지 않는다

孔子從而問焉, 曰: "吾以子爲鬼, 察子則人也. 請問, 蹈水有道乎?"
공자종이문언   왈   오이자위귀   찰자칙인야   청문   도수유도호

曰: "亡, 吾無道. 吾始乎故, 長乎性, 成乎命. 與齊俱入, 與汨偕出,
왈   망   오무도   오시호고   장호성   성호명   여제구입   여율해출

從水之道而不爲私焉. 此吾所以蹈之也." 孔子曰: "何謂始乎故, 長乎性,
종수지도이불위사언   차오소이도지야   공자왈   하위시호고   장호성

成乎命?" 曰: "吾生於陵而安於陵, 故也; 長於水而安於水, 性也;
성호명   왈   오생어릉이안어릉   고야   장어수이안어수   성야

不知吾所以然而然, 命也."
불지오소이연이연   명야

― 《장자》 「달생편達生篇」

11. 영원한 젊음을 누리는 비결

夫卜梁倚有聖人之才而無聖人之道, 我有聖人之道而無聖人之才, 吾欲以教之,
부복량의유성인지재이무성인지도   아유성인지도이무성인지재   오욕이교지

庶幾其果爲聖人乎! 不然, 以聖人之道告聖人之才, 亦易矣. 吾猶守而告之,
서기기과위성인호   불연   이성인지도고성인지재   역역의   오유수이고지

參日而後能外天下; 已外天下矣, 吾又守之, 七日而後能外物; 已外物矣,
참일이후능외천하   이외천하의   오우수지   칠일이후능외물   이외물의

吾又守之, 九日而後能外生; 已外生矣, 而后能朝徹; 朝徹, 而後能見獨;
오우수지   구일이후능외생   이외생의   이후능조철   조철   이후능견독

見獨, 而後能無古今; 無古今, 而後能入於不死不生. 殺生者不死, 生生者不生.
견독   이후능무고금   무고금   이후능입어불사불생   살생자불사   생생자불생

― 《장자》 「대종사편大宗師篇」

12. 활개숙의 혹

支離叔與滑介叔觀於冥伯之丘, 崑崙之虛, 黃帝之所休. 俄而柳生其左肘,
지 리 숙 여 활 개 숙 관 어 명 백 지 구 곤 륜 지 허 황 제 지 소 휴 아 이 류 생 기 좌 주

其意蹶蹶然惡之. 支離叔曰: "子惡之乎?" 滑介叔曰: "亡, 子何惡! 生者, 假借也;
기 의 궐 궐 연 오 지 지 리 숙 왈 자 오 지 호 활 개 숙 왈 망 여 하 악 생 자 가 차 야

假之而生生者, 塵垢也. 死生爲晝夜. 且吾與子觀化而化及我, 我又何惡焉!"
가 지 이 생 생 자 진 구 야 사 생 위 주 야 차 오 여 자 관 화 이 화 급 아 아 우 하 악 언

– 《장자》 「지락편至樂篇」

13. 어떤 정치인을 뽑아야 하는가

南海之帝爲儵, 北海之帝爲忽, 中央之帝爲渾沌. 儵與忽時相與遇於渾沌之地,
남 해 지 제 위 숙 북 해 지 제 위 홀 중 앙 지 제 위 혼 돈 숙 여 홀 시 상 여 우 어 혼 돈 지 지

渾沌待之甚善. 儵與忽謀報渾沌之德, 曰: "人皆有七竅以視聽食息,
혼 돈 대 지 심 선 숙 여 홀 모 보 혼 돈 지 덕 왈 인 개 유 칠 규 이 시 청 식 식

此獨無有, 嘗試鑿之." 日鑿一竅, 七日而渾沌死.
차 독 무 유 상 시 착 지 일 착 일 규 칠 일 이 혼 돈 사

– 《장자》 「응제왕편應帝王篇」

14. 죽음 또한 자연스러운 일이다

莊子妻死, 惠子弔之, 莊子則方箕踞鼓盆而歌. 惠子曰: "與人居, 長者老身,
장 자 처 사 혜 자 조 지 장 자 칙 방 기 거 고 분 이 가 혜 자 왈 여 인 거 장 자 노 신

死不哭亦足矣, 又鼓盆而歌, 不亦甚乎!" 莊子曰: "不然. 是其始死也,
사 불 곡 역 족 의 우 고 분 이 가 불 역 심 호 장 자 왈 불 연 시 기 시 사 야

我獨何能無槪然! 察其始而本無生, 非徒無生也而本無形,
아 독 하 능 무 개 연 찰 기 시 이 본 무 생 비 도 무 생 야 이 본 무 형

非徒無形也而本無氣. 雜乎芒芴之間, 變而有氣, 氣變而有形, 形變而有生,
비 도 무 형 야 이 본 무 기 잡 호 망 홀 지 간 변 이 유 기 기 변 이 유 형 형 변 이 유 생

今又變而之死, 是相與爲春秋冬夏四時行也. 人且偃然寢於巨室,
금 우 변 이 지 사 시 상 여 위 춘 추 동 하 사 시 행 야 인 차 언 연 침 어 거 실

而我噭噭然隨而哭之, 自以爲不通乎命, 故止也."
이 아 교 교 연 수 이 곡 지 자 이 위 불 통 호 명 고 지 야

– 《장자》 「지락편至樂篇」

3부

1. 못생겨도 사랑받았던 부인의 비결

陽子之宋, 宿於逆旅. 逆旅人有妾二人, 其一人美, 其一人惡, 惡者貴而美者賤.
양자지송　숙어역려　역려인유첩이인　기일인미　기일인악　악자귀이미자천

陽子問其故, 逆旅小子對曰: "其美者自美, 吾不知其美也; 其惡者惡,
양자문기고　역려소자대왈　기미자자미　오부지기미야　기악자악

吾不知其惡也." 陽子曰: "弟子記之! 行賢而去自賢之行, 安往而不愛哉!"
오부지기악야　양자왈　제자기지　행현이거자현지행　안왕이불애재

– 《장자》 「산목편山木篇」

2. 외발인 우사는 행복했을까

公文軒見右師而驚曰: "是何人也? 惡乎介也? 天與, 其人與?"
공문헌견우사이경왈　시하인야　악호개야　천여　기인여

曰: "天也, 非人也. 天之生是使獨也, 人之貌有與也. 以是知其天也, 非人也."
왈　천야　비인야　천지생시사독야　인지모유여야　이시지기천야　비인야

– 《장자》 「양생주편養生主篇」

3. 흔한 매력은 외형에서 나오지만 기이한 매력은 정신에서 나온다

衛有惡人焉, 曰哀駘它. 丈夫與之處者, 思而不能去也. 婦人見之, 請於父母曰:
위유악인언　왈애태타　장부여지처자　사이불능거야　부인견지　청어부모왈

"與爲人妻, 寧爲夫子妾"者, 十數而未止也.
여위인처　녕위부자첩　자　십수이미지야

– 《莊子》 「덕충부편德忠符篇」

4. 무엇이 성공이고 무엇이 실패인가

小盜者拘, 大盜者爲諸侯, 諸侯之門, 仁義存焉.
소도자구　대도자위제후　제후지문　인의존언

昔者桓公小白殺兄入嫂而管仲爲臣,
석자환공소백살형입수이관중위신

田成子常殺君竊國而孔子受幣. 論則賤之, 行則下之,
전성자상살군절국이공자수폐　론칙천지　행칙하지

244

則是言行之情怍戰於胸中也, 不亦拂乎!
칙 시 언 행 지 정 패 전 어 흉 중 야   불 역 불 호

故書曰: 孰惡孰美? 成者爲首, 不成者爲尾.
고 서 왈   숙 악 숙 미   성 자 위 수   불 성 자 위 미

− 《장자》 「도척편盜跖篇」

5. 우리는 배우려고 하지도 않는다

故西施病心而矉其里, 其里之醜人見之而美之, 歸亦捧心而矉其里.
고 서 시 병 심 이 빈 기 리   기 리 지 추 인 견 지 이 미 지   귀 역 봉 심 이 빈 기 리

其里之富人見之, 堅閉門而不出; 貧人見之, 挈妻子而去走.
기 리 지 부 인 견 지   견 폐 문 이 불 출   빈 인 견 지   설 처 자 이 거 주

− 《장자》 「천운편天運篇」

6. 뭐 눈에는 뭐만 보인다

老子曰: "夫巧知神聖之人, 吾自以爲脫焉. 昔者子呼我牛也而謂之牛,
노 자 왈   부 교 지 신 성 지 인   오 자 이 위 탈 언   석 자 자 호 아 우 야 이 위 지 우

呼我馬也而謂之馬. 苟有其實, 人與之名而弗受, 再受其殃.
호 아 마 야 이 위 지 마   구 유 기 실   인 여 지 명 이 불 수   재 수 기 앙

吾服也恒服, 吾非以服有服."
오 복 야 항 복   오 비 이 복 유 복

− 《장자》 「천도편天道篇」

7. 장자가 듣는 음악

吾奏之以人, 徵之以天, 行之以禮義, 建之以太淸. 不至樂者, 先應之以人事,
오 주 지 이 인   징 지 이 천   행 지 이 례 의   건 지 이 태 청   부 지 락 자   선 응 지 이 인 사

順之以天理, 行之以五德, 應之以自然, 然後調理四時, 太和萬物.
순 지 이 천 리   행 지 이 오 덕   응 지 이 자 연   연 후 조 리 사 시   태 화 만 물

− 《장자》 「천운편天運篇」

聽之不聞其聲, 視之不見其形, 充滿天地, 苞裏六極.
청 지 불 문 기 성   시 지 불 견 기 형   충 만 천 지   포 리 육 극

− 《장자》 「천운편天運篇」

8. 우정에 상처받은 사람들에게

泉涸, 魚相與處於陸, 相响以濕, 相濡以沫, 不若相忘於江湖.
천 학   어 상 여 처 어 육   상 구 이 습   상 유 이 말   불 약 상 망 어 강 호

– 《장자》 「대종사편大宗師篇」

9. 장자와 해골의 대화

髑髏曰: "死, 無君於上, 無臣於下. 亦無四時之事.
촉 루 왈   사   무 군 어 상   무 신 어 하   역 무 사 시 지 사

從然以天地爲春秋, 雖南面王樂, 不能過也." 莊子不信曰: "吾使司命復生子形,
종 연 이 천 지 위 춘 추   수 남 면 왕 락   불 능 과 야   장 자 불 신 왈   오 사 사 명 복 생 자 형

爲子骨肉肌膚, 反子父母妻子閭里知識, 子欲之乎?" 髑髏深矉蹙頞曰:
위 자 골 육 기 부   반 자 부 모 처 자 려 리 지 식   자 욕 지 호   촉 루 심 빈 축 알 왈

"吾安能棄南面王樂而復爲人間之勞乎?"
오 안 능 기 남 면 왕 락 이 복 위 인 간 지 로 호

– 《장자》 「지락편至樂篇」

참고문헌

1 푸페이룽(傅佩榮), 《해독장자(解讀莊子)》, 상하이싼롄(上海三聯)서점, 2007

2 리밍쥔(李明軍), 가오홍춘(高弘存), 리정탕(李正堂), 《장자해독(莊子解讀)》, 구이저우런민(貴州人民)출판, 2009

3 푸페이룽(傅佩榮), 《장자 교양강의》, 중화서국(中華書局), 2009

4 장자(莊周=莊子), 《장자주해(莊子注解)》, 웨루서사(岳麓書社=출판사), 2008

5 채지충(蔡志忠) 편저, 《장자설(채지충 중국고전경전만화)》, 셴다이(現代)출판사, 2008

6 장위안산(張遠山), 《장자의 심오한 이치(莊子奧義)》, 장쑤문예(江蘇文藝)출판사, 2008

7 천칭화(陳淸華), 《장자가 인기를 얻는 이유(莊子爲什麽樣紅)》, 셴주앙(線裝)서국, 2009

8 양궈룽(楊國榮), 《장자의 사상세계(莊子的思想世界)》, 화동(華東)사범대학출판사, 2009

9 푸페이룽(傅佩榮), 이샤(李霞), 진보(今波), 《인생의 혼란, 장자에게 물어라(人生困惑問莊子)》, 상하이원화(上海文化)출판사, 2008

10 왕사오눙(王少農), 《장자를 읽고 즐거운 인생을 배우자(讀莊子學快樂人生)》, 하이차오(海潮)출판사, 2009

11 장쑹훼이(張松輝), 《장자연구(莊子硏究)》, 런민(人民)출판사, 2009

12 왕하이어우(汪海鷗), 《소요품 장자(逍遙品莊子)》, 후난런민(湖南人民)출판사, 2008

13 왕위안(王媛), 《장자: 소요라 불리는 삶의 방식(莊子: 有種話法叫逍遙)》, 중국발전(中國發展)출판사, 2008

14 천훙잉(陳紅映), 《장자사상의 현대가치》, 런민원쉐(人民文學)출판사, 2009

15 예하이옌(葉海煙), 《장자의 처세지혜(莊子的處世智慧)》, 중국방송TV(中國廣播電視)출판사, 2008

16 왕위다오(王語道), 《자연의 메아리—노장사상 감상분석(自然的回聲—老子莊子思想賞析)》, 하이시아원이(海峽文藝)출판사, 2007

17 디아오성후(刁生虎), 《장자의 생존철학(莊子的生存哲學)》, 중국미디어(中國傳媒)대학 출판사, 2007

18 마인춘(馬銀春) 편저, 《옛날과 지금을 말하다: 장자를 말하다(談古論今說莊子)》, 중국즈공(中國致公)출판사, 2008

나는 매일
장자와 함께
퇴근한다

따뜻한 **장자**의 **인생해법**

●
●

초판 1쇄 인쇄 2015년 02월 23일
초판 1쇄 발행 2015년 03월 06일

지은이 한장쉐
옮긴이 고예지
펴낸이 박영철
펴낸곳 오늘의책

책임편집 김정연
디자인 송민기

주소 121-894 서울 마포구 잔다리로7길 12 (서교동)
전화 070-7729-8941~2 팩스 031-932-8948
이메일 tobooks@naver.com
블로그 blog.naver.com/tobooks

등록번호 제10-1293호(1996년 5월 25일)

ISBN 978-89-7718-379-7 03320